你想要的，有九成都會實現

「身口意法則」的人生練習

自分を変える「身口意」の法則
種市勝覺——著
藍嘉楹——譯

前言

——何謂「身口意」的法則

我是密教行者，以風水師的身分從事各種活動，包括開辦講座和接受個人諮商。

說到密教，很多人馬上會想到弘法大師空海*。

大約距今一千兩百年前，空海以一介僧侶的身分，從大唐帶著密教的思想回到日本，並將之發揚光大，這是眾所皆知的事實。

不過，密教到底是什麼呢？

一言以蔽之，**密教就是佛教之中，無法以語言傳達的秘密教誨**。

其中最重要的內容之一，就是本書副書名提到的「身口意的法則」。至於「身口意」的定義，簡單來說分別是：

- 「身」…做的事（行動）
- 「口」…說的話（言語）
- 「意」…想的事（心・意識・思考）

這個法則很單純，只要備齊身口意這三個要素，想做的事就能實現。相反地，如果身口意不一，不論做什麼都會失敗。

詳情容我後述，總而言之，**人生之所以遭遇不順，原因便在於身口意各自為政，讓事情無法順利發展**。舉例而言：

- 嘴巴上說我要改變自己（口），心裡卻恐懼發生變化（意），沒有意願採取新行動（身）。
- 嘴巴嚷著我要減肥（口），心裡卻覺得減肥很辛苦（意），所以還是繼續吃想吃的

＊空海，七七四～八三五年，日本佛教真言宗的開山祖師。

東西，幾乎沒有花時間運動（身）。

換言之，一個人做的事、說的話和想的事都不同調，在這種情況下，自然難以實現願望。

相反地，如果身口意一致，狀況會有何變化呢？

- **把煥然一新、理想中自己的話說出口（口），在心中想像全新的理想自我（意），並採取應有的行動，持之以恆（身）。**
- **宣布要減肥的決心（口），在內心強化要減肥的意志和想像自己成功瘦下來的樣子（意），接著透過飲食和運動，雙管齊下（身）。**

只要讓身口意一致，心中的期望和腦中所想的事，都會水到渠成，自然實現。

空海告訴我們身口意的祕密

「三密修行」是密教最具代表性的重要修行之一，所謂三密，就是身口意。人的選擇和決定，可以簡單分成身口意。但是，密教以外的佛教把身口意視為煩惱的根源，把它視為負面能量，稱之為「三業」。舉例而言：

- 身業……想要享樂、和異性交往等肉體上的快樂
- 口業……說謊、批評別人、炫耀和散布謠言等
- 意業……打算投機取巧等念頭

但是密教則是接受這些煩惱的根源，並且強調只要透過持續的修行，把「三業」轉變為「三密」（身密、口密、意密），就能得到佛的加護而成佛。

說得更淺顯易懂些，只要把**身口意合而為一，那麼你想要的，有九成都會實現**。

你的現實，全由「身口意」塑造而成

為何只要讓身口意變得一致，願望就能實現呢？

原因在於，

你現在面對的現實，正如實反映出你自己累積而成的「身口意」。

你的身口意，其實大多數都不是自己主動選擇。即使用自己的心思考，用自己的嘴巴說話，親身採取行動，但身口意的選擇幾乎都是在潛意識中進行。

換言之，你的現實狀況，都是由自己無意識的習慣所造成。

只要把這些在潛意識裡養成習慣的「現在的身口意」，換成「新的身口意」，你原本的心和思考・言語・行動就會產生變化。

只要養成新的潛意識習慣，就能創造全新的自己和現況。

本書介紹的是**針對自己的潛意識，養成新的身口意**的方法。

掌握了空海傳授的密法，除了改變自己，人生的發展也會往正面改變。

如果本書能夠提供開創各位人生可能性的指引，身為作者的我將感到萬分榮幸。

種市勝覺

前言——2

密

序章

你想要的，有九成都會實現

能夠改變潛意識習慣！「身口意一致」的技術——20

——身口意一致，讓潛意識成為你的幫手

・首先要掌握自己身口意的習性

・透過高爾夫球看到身口意

只需一個方程式就能扭轉習以為常的程序——28

——潛意識的系統藉由「不斷重複」形成

・改變潛意識編程的五個步驟

不要否定欲求和煩惱——33

——密教就是活用現有的一切

・密教是現實主義

第1章

掌握潛意識

把「知道」轉為「實踐」，人生就會變得不一樣——37

——密教是體驗學習

・「知道」和「正在實踐」天差地遠

・坐而「學」不如起而行

從分析中學習——43

——結果才是你的老師

・來自體驗的學習會成為專屬你的財產

・重點是分析現況，嘗試改變

人會出生兩次——50

——在這之前，你過的是「別人的人生」

・「世界」和「世界觀」哪一個更廣闊？

・自我和慾望是表露好奇心走向的心靈羅盤

面對六大煩惱的方法——56

——不是消去既有的煩惱，而是保持原狀

・承認自己的愚蠢，只要不向它屈服就好

人的行動是基於膽怯——62
——「殺氣」與「生氣」的機制
・殺氣和生氣的運用方法
別把自己當「廢材」——67
——設定小目標
・重視「我辦得到」的感覺
不再以「做到了」「沒做到」為考量標準——70
——凡事只想著零或一的人，自我肯定的能力容易下降
・最好別說「我做不到」
・要以開不開心來決定，而非擅長與否

意

第2章 整頓心・意識

人活著要對自己誠實——78
——人會無自覺地對自己說謊
・「對自己誠實」該做的事

練習如何打造展望——82

——不可以扼殺自己的心

・發現自己隱藏起來的欲求

與其在意理智的聲音，不如以心聲為重——86

——思考（頭腦）是安全系統

・確認自己真正「想做的事」

只要決定好「幸福的步驟」，人自然會變得幸福——92

——持續把焦點對準幸福的藍圖

・自己可以決定要把焦點鎖定在哪裡

不可將成功和幸福混為一談——99

——成功屬於未來，幸福屬於現在

・「成功」是成就感，「幸福」是滿足感

・感受到幸福的同時，以成功為目標

口

第3章

整頓語言．思考

不能養成的口頭禪——108
——和「意義」相比，說話的「意圖」更重要
·意識到自己「為了什麼目的而說這句話」

讓「意義自立」，事物的意義由自己決定——112
——活出自己一片天的方法
·重要的是由自己決定意義

處理負面意見的方法——117
——隨時把自己的意見放在第一位
·駁回對方的精神過濾器

最可怕的莫過於意義的「固定化」和「盲信」——124
——重新編輯「專屬自己的定義字典」
·定義字典的使用方法

拯救別人之前先救自己——128
——讓自己與別人都能雙贏

・確定有多的東西才與人分享
・一視同仁地祈求自己與他人的幸福
打造自我信念的方法——134
——只要改變問題，潛意識也會隨之改變
・把焦點從「為什麼」改變為「該怎麼做」

第4章 調整行動

「以理想中的自己」的身口意過日子——138
——整個宇宙都在自己心中
・精心設計自己深信的事
如何複製別人的身口意——146
——身口意的塑型
・掌握對方的五感，與自己一體化
不論做哪個選擇都殊途同歸——149
——不用去想「哪一個才是正確答案」，而是「把自己做的選擇當成正確答案」

・未來的事誰也不知道

認知到一開始會做不好——152

——一再重複是拓展新迴路的關鍵

・精通的唯一秘訣就是不斷重複練習

・養成新習慣的訣竅

不要對自己打馬虎眼——158

——獲得「我辦得到」的肯定感，等於開創了新迴路

・密教的終極目標在於引出藏在自己內在的一切

增強自信的方法——163

——目標不是「為了不被～」，而是「即使被～」也沒關係

・人原本就具備一套化險為夷的系統

密教式冥想法：誠實面對自己——166

——練習讓身口意一致

・強制停止思考的積極式冥想

提高自我行動力的思考法——169

——明白有些事情需深思熟慮，但有些事情多想無益

• 因為考慮太多而無法得手

第 5 章

整理人際關係

只看現在和未來付諸行動——173

——我們時常活在「或許是這樣的世界」

• 因為不知道、不清楚、還沒做到，所以才有趣

整理自己周圍的環境——178

——潛意識會受到環境影響

• 整頓人際環境的方法

心靈與空間的歸宿——183

——真正重要的是心靈的歸宿

• 人害怕失去歸宿

對存在抱持敬意——187

——無條件的敬意會改變人際關係

• 對存在抱持敬意的力量

一切取決於處理事情的方式——189
——平等觀——從「使用方式」轉為「對待方式」
・停止用上下優劣的觀點看待事物
・養成平等觀的練習

如何擁有讓對方採取行動的影響力——194
——所謂的影響力就是傾聽
・差別在於是否說出「你覺得怎麼樣？」這句話
・一句主動的知會就能改變人際關係

使用對方所使用的詞彙——203
——展現想了解對方的態度，打開對方心門
・以自己的世界觀異於對方的世界觀為前提而活

循環的法則——206
——能量會不斷循環
・以生氣讓人採取行動，會得到福報

複製五感刺激的「觀音力練習」——208
——感受對方觀點與聲音
・人際關係之所以不順利，原因出在缺乏共鳴力和想像力

終

終章

改變人生過程的影響力

清濁併吞的覺悟會成為驅動自己的力量——214

——密教把二視為一

・世上的一切都是由相對成立

「未知的開心之事」是驅動自己的原動力——217

——作夢都想不到的可能性才是你的「寶藏」

・只有在未知中才能找到解決煩惱的答案

Prologue

密

序章

你想要的，
有九成都會實現

能夠改變潛意識習慣！「身口意一致」的技術

——身口意一致，讓潛意識成為你的幫手

首先，讓我再次說明身口意的定義。

密教其中一個中心教義是，**「身口意一致時，將會開啟藏寶庫」**。

密教行者進行三密修行，把象徵人類愚蠢的身口意三業，轉變為三密，也就是充滿佛的智慧的身口意。這是一種讓自己潛意識化為助力的技術。

- **「身」…做的事（行動）**
- **「口」…說的話（言語）**
- **「意」…想的事（心・意識・思考）**

空海說讓這三項保持一致，就能實現所有願望。

如果一個人的想法或心願無法實現，表示他的身口意不一致。

口頭上說想要獲得成功，成為有錢人（口），心裡卻早已放棄（意），把錢財拿去賭博，揮霍一空（身）。

嘴巴嚷著我要減肥（口），心裡卻覺得減肥很辛苦（意），繼續照吃不誤（身）。

嘴巴嚷著我要得到幸福（口），內心深處卻覺得「我不可能得到幸福」（意），根本沒有付諸行動（身）。

如同上述，諸事不順的原因便在於做的事、說的話和想的事各自獨立不同調。

密教的行者靠著「同時進行三件事」，每天都留心讓身口意保持一致。

這三件事即為：

手結印契（身）

口誦真言（口）

心觀本尊（意）

這三者稱為三密修行。

讀到這裡，或許有些讀者心想「我應該也來試試讓身口意達到一致」。但是，實際執行起來沒那麼容易。如果只要了解就做得到，就不需要每天進行三密修行和其他苦行了。

為什麼要達到身口意一致很困難呢？

因為身、口和意都是在潛意識展開行動。

我們採取的行動絕大多數都是潛意識的習慣（口頭禪和行為模式等），很少是在有自覺的情況下去進行。

思想、言語和行動，都是出自潛意識中的程式，所以不容易隨心所欲操控。

為了讓原本在潛意識出現的身口意，有意識地達成共識，行者必須歷經嚴格的修行。

何謂身口意的法則？

所謂的身口意，意思是做的事（身）、說的話（口）、想的事（意）。若身口意達成一致，所有願望都會實現。

身：手結印契

口：口誦真言

意：心觀本尊

以減肥為例

身口意不一致 →願望無法實現

口：「好想瘦下來喔」

意：減肥好辛苦喔 真不想去做

身：無所事事，吃個不停

身口意一致 →願望順利實現

口：「好想瘦下來喔」

意：「我能瘦下來」「我一定會做到」

身：採取運動等實際行動讓體重減輕

首先要掌握自己身口意的習性

為了調整自己的身口意，先要掌握自己的潛意識。**自己平常在「想什麼」「會說什麼」，以及會「採取什麼樣的行動」**，正確掌握這幾點很重要。

可以在日常生活中掌握自己身口意的方法，就是**記錄自己每天的身口意**。舉例而言，各位可以在一天快要結束的時候，抽出一點時間，按照時間或印象由深到淺的順序，把今天的所思所想、所作所為記錄下來。

身↓意（做的事情↓為什麼想做這件事）

口↓意（說出口的話・講的事情↓當時在想什麼，有什麼樣的感覺）

意↓身（感情和注意力集中的事↓採取了什麼樣的行動）

請依照這樣的方式記錄。如果時間和精力允許，最好連小事也寫下來。

從那些日常生活「一再重複的事情」當中，最容易掌握自己的特徵，因為做得愈頻繁的事情，愈容易養成潛意識的習慣。

透過高爾夫球看到身口意

另一項值得向各位推薦的是，從事一項能夠讓身心一致的運動。武道（劍道、柔道、弓術）或舞蹈都很不錯。運動的強度不必太過激烈，但最好選擇要求一定動作細緻度的項目。這類型的運動比較容易體會到身口意的運作。

我曾推薦參加講座的學員打高爾夫球。因為從一個人打高爾夫球的表現，很容易看出他的身口意。

依照想要得到的結果，想要讓球進洞而瞄準是「意」。

說著為了達到目的而如此揮桿是「口」。

實際上的揮桿是「身」。

身口意的「口」，指的是說出口的話。

所以，自己說「打算這樣揮桿（口）」和「實際上的揮桿（身）」兩者間一定會出現明顯落差。

所以如果原本計畫好的揮桿有錯，有可能會發生身體跟不上，力不從心的狀況。

潛意識除了表現在揮桿上，在繞場時也常會表露無遺。

在球場可以看到眾生百態——明明沒有在趕時間，卻總是一臉焦慮的人；根本沒做錯什麼，卻老是把「不好意思」或「抱歉」掛在嘴上的人。

這些都是出自於潛意識的行為模式，一看就懂。

從**一再重複同樣的動作、出現頻率很高的同一句話，可以看出這句話或動作已經深植在潛意識裡了**。

聽到我說「你沒注意到嗎？你今天已經道歉三次了呢」，結果對方一臉錯愕，不敢置信的樣子。

就像這樣，在打高爾夫球的過程中，也能看得到自己隱藏在日常生活中、出於潛意識的習性。

從高爾夫球清楚看出身口意

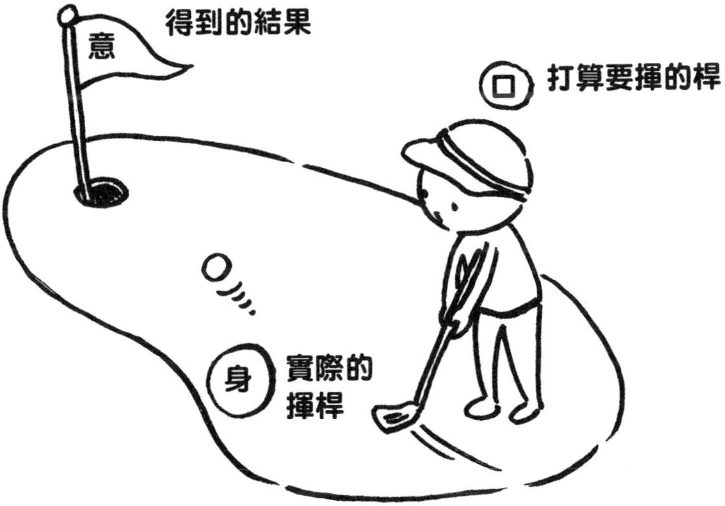

不喜歡運動的人，除了利用剛才介紹記錄自己言行的方法，也可以求助於身邊的親友，問問他們：「我有沒有什麼口頭禪或是常出現的小動作？」

首先請意識到自己的身口意，然後試著掌握現在的狀況。

只需一個方程式就能扭轉習以為常的程序

——潛意識的系統藉由「不斷重複」形成

我常說：**「密教就是讓潛意識成為幫手的技術。」**

每個人都擁有潛意識的系統，不管是想要還是不想要的東西，都能自動到手。

具體來說，潛意識是在意識以外，做出對資訊的接收、決定、反應。潛意識在每個瞬間，會不斷重複進行「行動」「思考」「內心關注焦點」的選擇與判斷。

常說負面口頭禪的人，等於不斷重複將負面的資訊植入自己內心，不僅會影響到表面上（意識）的心靈和行動，更會同步影響到潛意識的行動和心態。

換言之，如果能把潛意識的狀態調整好，想要達到的目標、想要成就的事都能夠自動實現。

人可以用意識控制自我，但是無法維持長時間。

但如果是潛意識，就能夠自動讓自己採取行動。換句話說，從潛意識下手，是改變自己最有效率的方法。

讓潛意識成為自己的助力，好處是不論想要什麼，都能如願以償；相反地，如果讓潛意識成為阻力，不希望發生的事將接二連三來報到。

如果想改變這樣的循環，必須重新編程你的潛意識。

只要重新編程成功，就能夠輕鬆改變現狀，而且會自動按照設定好的程序重複。

前面提過，潛意識會表露在身口意。包括出現在日常生活中的想法、說的話、採取的行動，幾乎都是出於潛意識的選擇。

換句話說，如果改變潛意識的習慣和選擇，自己的所思所言和行動，都會自然而然產生改變，進而改變目前的現實狀況。

但是，要替潛意識重新編程，必須重複某些事項。

潛意識的編程

做的事
說的話　　身口意
想的事

身口意的意象　　**現實的身口意**

現在的身口意並非出自「意識」而是「潛意識」的習慣

潛意識決定身口意的選擇

改變潛意識編程的五個步驟

潛意識是不斷運作的，為了改變這個運作中的編程，除了「身口意法則」，還必須掌握「慣性法則」。

不論是哪一種能量，都有運作的方向性，無法立刻更改，就像高速行駛的車子，無法在一瞬間突然改變行進方向。

萬物都有其流程，潛意識中不斷重複的那個程序，造就了現在的你。

請各位依照慣性法則，運用以下的五個步驟來改變潛意識吧。

步驟一　掌握現狀
步驟二　減緩潛意識中的重複
步驟三　終止重複
步驟四　改變方向，重新出發
步驟五　加速衝刺

舉例而言，假設你現在處於經濟困頓的狀態，首先請確認自己的收支狀況和開銷情況。下一步是節制花錢的速度，停止揮霍無度的習慣。接著往完全不同的方向發展，開始慢慢累積手邊的現金和養成儲蓄的習慣。上手後，開始加速。想要改變原有的潛意識，必須歷經這樣的過程。

這個流程也是讓變化開始產生的方法。

某天突然發生奇蹟，讓人生完全翻盤，這種事不可能發生。

原因很簡單，**因為每件事的發展，都是根據自己的「身口意」在運作**。你一路累積而成的習慣，造就了今天的你。

就算哪天突然中彩券發大財，但只要身口意依然故我，一段時間之後，一切又會恢復原狀。

只要潛意識的編程沒有改變，一再重複的潛意識就會將你打回原形。

不要否定欲求和煩惱

——密教就是活用現有的一切

空海把佛教分成兩種——密教和顯教。

空海之所以如此區分，是為了強調密教的優越性。本書的目的並非說明密教的教義，在此省略不談，總之，密教講究的是**徹底的實踐**與**現世利益**。

簡單來說，就是徹底利用欲求與煩惱，不否定它們的存在。

也就是說，空海坦然接受人想要變得富有、想得到認同、想要變得受歡迎等通常不被接受的欲求，不加以否定。這就是密教的思想。

顯教否定煩惱和欲求的正當性，將之視為痛苦的根源。

相反的，**密教則不否定煩惱和欲求，而是採取坦然面對的態度**。

「我想要買車、買名錶還有買房子。」

「我想要得到異性的愛，想要與對方建立親密的關係。」

「我想要得到更多認同，希望別人都覺得我很厲害。」

這些都是很自然的發展，沒有問題。這就是密教的思想。

也就是**「高漲的慾望在得到滿足後會降低」**。

總而言之，密教認為慾望不應該強制消除，而是藉由滿足獲得，讓人得到真正的理解，進而終止對慾望的追求。如果只想消除慾望，將永沒有終止的一天，因為終究會留下「我想要變得無欲」的慾望。

「為什麼最後會留下『想要消除慾望』的慾望呢？難道人不可能完全消除所有慾望嗎？」這就是密教思考的問題。

「煩惱有多少，開悟就有多少」是密教特有的思考方式。

密教把煩惱和開悟當作表裡一體。兩者就像一根棒子，在內部合成一個矛盾的存在。就像煩惱與愚蠢。開悟和覺醒。

換言之，愚蠢有多少，覺醒也要有多少。而愚蠢正是一顆開悟的小種子。

密教是現實主義

說到密教，或許有些人馬上聯想到咒術和祈禱等超能力，不過，密教的活動並不是只有唱誦真言和祈禱。

四國八十八箇所*的巡禮之路也是空海所創。一般認為，巡禮（朝聖）的目的是為了修行、信仰，但四國八十八箇所巡禮其實也是一種經濟模式，含有引來金融活水，潤澤當地經濟的目的。只要和巡禮沾上邊的人都能受惠，經濟也得到活絡。

身為現實主義的密教，以下是其中心思想。

*四國八十八箇所，指日本境內八十八處與弘法大師有淵源的靈場（寺院）合稱。巡拜四國八十八箇所稱為四國遍路、四國巡禮。

「為了拯救貧窮要有財。」

如果要拯救貧窮，就給你錢。

「治療身體病痛需要藥物。」

如果健康惡化，就給你治病的藥物。

「為了引導愚昧無知的人需要法。」

向愚蠢無知的人說法。

「治療業病（宿業引起的疾病）和怪病要用真言陀羅尼。」

因前世的業報而引起難以治療的疾病，就用真言為你祈禱。

說得簡單一點，改善貧窮需要錢、治病要用藥、向愚者說法。如果上述方法無效，就唱頌真言，向佛祈禱吧。密教不只是一種信仰，也提供了非常實際的解決方法，充滿了現實主義的思想。

把「知道」轉為「實踐」，人生就會變得不一樣

——密教是體驗學習

密教的特徵之一是，不單用「頭腦」，更要用「全身」學習，非常重視體驗學習。相較於顯教是透過研究經典、語言和文字理解佛所說的道理，密教則是透過自己的修行體驗，達到成佛的境界。

最澄*[1]認為，「透過文字和語言學習佛的教誨，人最終會走向開悟之道」。不過，據說空海曾詢問最澄這個問題：

「如何用文字或語言，向實際上不曾看過的人，描述曼荼羅*[2]有多美呢？」

*1最澄，七六七年～八二二年，密教法號福聚金剛，平安時代僧人，日本天台宗的開創者。

*2密教傳統修持能量的中心。梵文意思是「本質」「圓圈周長」，用以表達宇宙真實「萬象森列，融通內攝的禪圓」。

這個問題想表達的是，「真正想傳達的事，無法用文字或言語傳達」。能夠廣泛且正確無誤地傳達同樣的資訊，確實是文字和語言的優點。相較之下，體驗涉及的範圍太廣，很難一次表達完全。但是，事情的本質基本上只能靠體驗學習。

大多數人以為「知道」就算是學會了。例如學校課業、資格或證照考試、密教和佛教的相關知識等。

但是，**知道不過是學習的入口，不是學習本身**。

知道不是學習，實踐才是學習。

把知道的事，化為「實際驗證」的事。

把知道的事，化為「運用」的事。

把知道的事，化為「實際去做」的事。

能夠這麼做很重要。

「知道」和「正在實踐」天差地遠

「知道」和「正在實踐」是截然不同的兩回事。

密教把修行中具有象徵意義的體驗視為有價值之物。包括結手印、誦真言、焚燒護摩*1、瀑布修行等各種儀式。親身體驗的若有一百人，每個人從中所得到的發現就有一百種。

上述的體驗無法請別人代勞，必須透過親身實踐，不斷累積從體驗中得到的新發現，讓自己逐漸產生轉變，才是真正的學習方法。

舉例來說，密教裡有所謂的禮拜加行。在進行各種儀式之前，須向本尊*2行五體投地（最恭敬的禮拜方式）一八〇次。

---

*1護摩，即火供的意思，密教修法中的重要行事，譬喻以智慧之火焚燒迷惘之心的意思。

*2本尊，密宗修行者以之為禪修的對象，如佛陀、菩薩、明王等。

「知道有這件事」「有打算這麼做的人」，和實際上「已經在做的人」有如天壤之別，不能相提並論。

這點在人生上也會發揮很大的影響力。

兩者的差異就好比情侶交往，從未有過實際經驗的人，即使憑著自己的所見所聞說得煞有介事，也經不起別人一句「你又沒經驗，怎麼懂呢」。

就像這個例子大家都可以理解，可是一旦涉及到學業、工作和人生，很多人就搞不清楚了。

現狀之所以一成不變，問題出在沒有累積日常應有的實踐。

學習必須透過實踐，藉由實際執行，而後得到發現，最後消化成自己的收穫。包含書本在內，在課堂上和講座上學到的知識，是屬於老師的，並不是學生自己的。坐著聽講只是知道有這回事，並不是真正擁有這些知識。

坐而「學」不如起而行

各位如果想改變現在的自己，不論是哪方面都好，先決定好一個方法，然後告訴自己

「先做做看吧」。

實際付出行動，起碼可以累積經驗值。在分析、改進、累積經驗的過程中，一定會得到新發現。

這些「發現」來自於自己的體驗。有時我們習慣把從書上「知道」的事情，當作「發現」，其實那只是知道新知識，還沒有把知識真正化為己有。

很多人因為想成為有錢人，報名參加如何成為有錢人的課程，但是，**即使每堂課都不缺席，銀行存款還是不見起色。除非實踐所學，並真正改變現狀，否則為了掌握經驗與技術，在還沒達到目的之前就得先破財**。

有些人參加了自我啟發的課程，但是人生依然沒有改變。

上了課，卻沒有效果。這是理所當然的事。因為你必須實踐所學，並得到一定的結果，再以從中得到的發現為藍本，進一步改變自己的行動，唯有如此，人生才會發生轉變。

付諸行動意味著「真正的學習」終於開始，一段時間之後，才會抵達「發現＝領悟」的階段。

首先，請各位從釐清自己的認知跨出第一步吧！

請各位意識到坐著聽課並不是學習。

「從體驗中學習」正是密教的作風。

從分析中學習
——結果才是你的老師

如同前述，密教是一種體驗主義，也是實踐主義。

說得更仔細一點，密教講究的是從自己的體驗中學習，並從中得到新發現。在我開辦的工作室中，課程一開始是回顧自己的所作所為。我會讓學員回顧如下的內容：

- 用一句話總結這一個月的體驗。
- 為什麼你會用這句話來總結這一個月呢？
- 在這一個月中，能夠讓你實現・達成・著手進行・持之以恆的價值是什麼呢？
- 相對地，無法讓你實現・達成・著手進行・持之以恆的重要事物是什麼呢？
- 其中是否存在任何成見、意志、恐懼和價值基準？

我的用意是透過上述的問題，**讓學員整理自己體驗到的事，並從中學習**。因為這是最有效的學習方式。

用語言表達出體驗過的事物，喚醒自己對結果和過程的經驗。

換言之，發生的事和結果就會成為你的老師。

如果沒有意識到必須從體驗中學習，這個人終將一事無成。

有些人每到新年，就會志得意滿地宣布自己今年的目標，但是很少人會在年終回顧自己的進度。

「我今年一定要養成讀英文的習慣。」

「我今年一定要瘦下來。」

即使下定決心一定要達成上述等目標，到了年尾，又會發出感嘆：「我年初的時候，好像有訂了一些計畫耶……」。想得起來的還算是好的，因為有更多人連自己曾訂了什麼目標都不記得了。

如同上述，人是健忘的動物。

根據德國心理學家艾賓浩斯（Hermanu Ebbinghaus）的遺忘曲線，記憶會隨著時間經過而流失，比例如下：

- 二十分鐘後，42％會被遺忘
- 一小時後，56％會被遺忘
- 一天後，74％會被遺忘

由此看來，我們不記得一年前講過的話也情有可原。

但是，如果我們一再重複回顧，養成意識到目標存在的習慣，那麼會變得怎麼樣呢？想必會逐漸降低重蹈覆轍的機率，自律的能力也會愈來愈強吧。意識能改變行動，當然也會帶來不同的結果。

來自體驗的學習會成為專屬你的財產

另外，很多人即使透過閱讀或參加課程吸收新知、經驗或技術，卻仍會遇到「無法讓知識變成自己的」這種情況。

為什麼學到的知識無法變成自己的？一言以蔽之，就是因為「這些都是與我無關的事」。根據自己親身體驗所得到的知識或經驗技術，會變成自己的。但是，取自「別人的遭遇」而不是自己體驗的知識，即使學了也無法真正吸收。

因為不是自己的親身體驗，所以沒辦法用自己的話表達出來，當然也不會有所改變。不管是出現在本書的內容、講師授課的內容，如果只是依照自己的記憶，原封不動把內容講出來，聽起來缺乏說服力，既無法打動人心，更別說發揮影響力，改變現狀。

最重要的是「去做」。這樣才能以自己得到的「體驗和結果」為師，從中得到學習。唯有對照「實際做了的結果」和「自己的預期」，才能夠發現兩者的落差。

實際付諸行動最大的好處是以結果為師，從中學習。

自己親身體驗的事和付諸行動的結果，對我們而言就是最好的教誨。

重點是分析現況，嘗試改變

大多數沒有如期達成目標的人，都只做了一次，然後覺得「這件事和我當初想像的不一樣」，然後就沒下文了。卻從不回頭檢視，為什麼事情進行得不順利。

我們絕對不可以忘記，要檢視並分析現在得到的結果，接著改變作法，再試一次。再度挑戰後，又會出現結果。因為之前已花了心思進行改善，想必這次的結果一定有所不同。

我要提醒各位的一點是，在結果出來之前，有些人可能會被自己的幻想或意念困住，而不正視實際得到的結果。如果把「我要這麼做」的事，誤以為是「這麼做一定會有好結果」，事情的發展當然會不如預期。

舉例而言，假設你發現自己的人緣很差，總是不討別人的喜歡，那麼你首先要做的是檢視自己講話時常用的詞彙和與人接觸的方式。進行分析並嘗試改變。

換句話說，自己要徹底分析現狀由是什麼樣的身口意所造成，再試著改變原本的行為模式。

假設你得到的結論是自己的說話方式讓人不舒服，那麼你該掌握的是你是否太常抱怨？是否常在背後議論他人？是否倚老賣老、愛說教？

聽起來雖然是老生常談，但一旦自己變成當事人，很多人都會流露出「這些我都知道」的心態，疏於勤加分析。

而理由不外乎不想或沒有正視自己。

Chapter-1

無

第1章

掌握潛意識

人會出生兩次

——在這之前，你過的是「別人的人生」

密教認為，「每個人都會出生兩次」。

第一次從娘胎出生。

第二次從自己出生。

從自己出生的意思是，自己決定讓自己出生。或許在這之前，你把父母和其他人眼中所期待的你當作「你自己」，但是就密教的觀點而言，那個你並不是「你」。

「開創並活在自己的世界」就是密教。

換言之，在開創自己的世界之前，每個人過的都是別人的人生。

雖然每個人都以為自己認定的、思考的和付諸行動的都是自己的人生，其實絕大多數都是別人的人生。

也就是說，其實是假裝成自己，處於「自我欺騙」的狀態。

顯教把自己與周圍的圓融協調和崇高的規則，看得比自己的想法重要，顯教重視的是能夠遵循他者的正確性而活；而密教的想法是**「跟著自己走」**。

但是，如果不知道「自己」到底在哪裡，就沒辦法活出自我。於是，找到自己成了重要的任務。

說得具體一點，活出自我，也就是清楚知道這個世界的矛盾、由他人建立的世界觀、潛意識的結構等。

舉例而言，想必大家對描寫虛擬世界的科幻電影《駭客任務》（*The Matrix*）都不陌生。如同電影的描述，人即使處於被囚禁、自己的認知其實都是虛假的狀態下，也覺得理所當然，絲毫不覺得有異。

「世界」和「世界觀」哪一個更廣闊？

這是我經常在工作室問學員的問題。請你也試著想想看。

「各位知道『世界本身』和『世界觀』哪一個比較廣大嗎？」

*

答案是「世界本身」。

因為世界本身是無限寬廣的，而「世界觀」是用來設限世界的。

大家都深信「自己眼中的世界觀」就是「世界本身」。世界觀最棘手的是，它讓人連「發現自己眼中的世界是受到束縛的」都渾然不覺。

每個人受限的方式都不一樣。唯一不變的是，現在過的人生、自己、社會的現實、人際關係和世事的變遷等，都只是自己創造出來、受到限制的世界觀。

人只能活在自己的一廂情願中。

自己描繪的世界，包括了自我洗腦、他人洗腦或兩者兼有的世界。總之，不管是哪一種，都只是自己創造出來的世界。

但是，這種局面將被「世界本身另有其物」的認知改變。一旦產生世界觀之外還有其他世界無限延伸的觀念，自己現有的世界觀將大為擴展。因為人會知道除了自己的世界觀，還存在著其他形式的世界觀，而且每個人都各自擁有不同的世界觀。

如果將之視為**「對世界的理解」**，那麼**這份理解就是起點，而非終點**。

自己的世界由自己塑造，別人的世界則以不同的形式塑造，但兩者都是生活在同一個世界（空間）。

在各種世界當中，到底是自己掌控人生方向盤的人生比較好，還是詢問別人：「我該去哪裡？」的人生比較好呢？

當然每個人都有自由選擇的權利。

若有人想親手開創自我人生，就要誠實面對自我和慾望，並且掌握能夠如願以償的身口意。

自我和慾望是表露好奇心走向的心靈羅盤

自我和慾望就是「表現一個人好奇心走向的心靈羅盤」。

大多數人都會否定自我和慾望，但慾望是人類生存的能量來源，如果否定慾望，等於否定生命活動本身。

慾望是人類唯一的生命能量，包括食慾、性慾、團體慾、睡眠慾、追求安全感、展現出野心等，不管慾望大小，大家不過以此為工具，做自己有興趣或關心的事。

雖然有想做的事，卻連試也不試，就把「人們眼中期待的自己」當作「真正的自己」照常過日子，雖然這是很多人的通病，但如此一來就會衍生出以下的問題。

「你到底是誰啊？」

「你過的究竟是誰的人生啊？」（笑）

到頭來，自己的人生像是被黑箱作業般。大家沒有睜大眼看清自己所處的境況，也不了解自己發生了什麼事。

因此，不論是哪一方面都好，只要發現自己感興趣的事，就要「嘗試去做」。當然了，違法的事不在此限（笑）。透過實際行動，你會看得愈來愈清楚。如果是有興趣的事，最好不要只做一、兩次，要不斷鑽研，看自己能做到什麼程度。在這個努力的過程中，要花時間仔細觀察，確認是否能做出一番成績。

這麼做了之後，自己會逐漸發現「這條路可能蠻適合我」「做這件事讓我樂在其中」，或者是「這條路不適合我」。直到發展至此，才算是發現了自我。

為了達到真正了解自己的目的，這段過程走來雖然像繞遠路，但絕對不是冤枉路，也不會白費工夫。

面對六大煩惱的方法

——不是消去既有的煩惱，而是保持原狀

佛教認為人有六大煩惱。
分別是「貪・瞋・癡・慢・疑・不正見」。

貪即是貪心。
瞋即是發怒。
癡即是無知。
慢即是傲慢。
疑即是疑心。
不正見即是不正確的見解。

這六大煩惱是眾生與生俱來的煩惱。佛教告訴我們，人的心正因為這六大煩惱而感到痛苦。

在這六大煩惱之中，堪稱最具代表性的是「貪」，即因為缺乏安全感所造成的貪慾。

- **愛不夠多**
- **肯定不夠多**
- **錢不夠多**

造成自己痛苦的根源是「心裡沒有安全感，還想要更多」。

正因為如此，顯教才會提倡「壓抑煩惱，暫時忍耐。隨著時間過去，煩惱就會自己消失不見」。

但如同前述，密教的想法剛好相反。密教鼓勵的是**「煩惱是無法消除的。要發揮智慧以滿足自己的慾望」**。

密教認為讓煩惱憑空消失是不可能的事，所以只要想辦法讓自己處於即使懷有煩惱也無妨的狀態就好。有慾望也沒關係，坦然表現出自己真實的樣子，承認自己希望能受到歡迎也無所謂。

「我昨天已經吃了拉麵，但今天還想再吃。」

「我認識的人變成了有錢人，我也想像他一樣有錢。」

像這樣的願望，通通都不是問題。

密教承認慾望的存在，不加以否定。光是做到承認這一點，就能讓人從有如窒息般的痛苦解脫。**懷有慾望的自己，才是人類應有的模樣，每個人都是如此。**

除非用「滿足」的哲學解決貪（貪心），否則人不可能變得不貪心。

但滿足並不是只能靠「得到」來達成，把得到的東西與別人分享也具有相同效果。如果能透過親身體驗知道這點，即使心存貪念，也能夠平靜自處。

解決貪（貪心）靠得到滿足。

解決瞋（發怒）靠原諒。

解決癡（無知）靠學習的態度。

解決慢（傲慢）靠謙虛。

解決疑（疑心）靠信心。

解決不正見（不正確的見解）靠能夠洞悉事物的觀點。

以上是針對每一種煩惱的解決方法。

承認自己的愚蠢，只要不向它屈服就好

我們原本就不應該否認煩惱，也就是愚蠢的存在。即使愚蠢，只要不向它屈服、不被它牽著算子走就好。

這樣的態度就是密教。

即使試圖否定，想將愚蠢當作不存在，但它畢竟存在，所以就坦然接受吧。各位知道瑕不掩瑜嗎？雖然有部分出錯了，但整體基本上是對的。

舉例而言，就像我們會對別人產生厭惡與恨意。但不要一竿子打翻一船人，以為「只要生氣就是不好的事」，而是要想辦法讓自己成為「即使懷有怒氣也沒關係」的人。這就是密教的修行。

佛教把愚痴稱為「無明」，把開悟稱為「光明」。但是透過密教的各種修行學習，可以把無明轉變為光明。話雖如此，並不是每個人都能輕易進入正式的行法世界。因此，以下我為各位介紹可以在日常中修行的方法。

密教有所謂「山之修行」和「里（鄉里）之修行」。山之修行是在道場和自然中進行，相對地，里之修行則是把透過前者所得到的發現，在日常生活中運用於眾生（一切生物）。以重要性而言，後者大於前者。

即使沒有做到修行的程度，只要實踐本書一路介紹至此的方式，一樣能逐漸改變現實生活。

人生並不是一場「比誰更能忍耐」的比賽，而是一場表現「自我風格」這藝術的美術展覽會。即便一味鍛鍊忍耐力，忍耐力也有枯竭的時候。即使忍耐力再強，也有難以承受的極限。這就是人。

把「存在的東西」當作「不存在」，做起來不只是很吃力，也會很痛苦。

所以，請先學著接受自己，比如接受「我在某方面真的很愚蠢啊」，同時意識到「即使自己確實很愚蠢也無所謂」，就可以了。

請各位不要否定自己的煩惱。

想要變得有錢、希望受到歡迎、渴望得到肯定……全都不是問題。為了讓現在的自己變得更好，請耐心看完本書。

我也建議各位拿出紙筆來，寫下自己想做的事、想要得到的東西。寫完再寫下「OK！」。請各位務必一試。

人的行動是基於膽怯

——「殺氣」與「生氣」的機制

首先來看看人的心理構造。

人的行動基本上受到兩大因素驅使。

- **避免痛苦**
- **得到快樂**

這是基本的兩大要素，不過就現實而言，因恐懼而採取行動的比例更多。

「不知道會不會被別人當作笨蛋。」↓不想被別人瞧不起

「沒錢會不會活不下去啊。」↓討厭變窮

「會不會惹人厭啊。」↓不希望自己被人討厭

愈來愈多人之所以採取行動，是基於類似上述的恐懼心態。

「這樣下去，我會變成窮光蛋。」

「如果什麼都不做，我一定會生病。」

基於這種心理而有所作為，和受到威脅而採取行動沒有兩樣。

從風水的觀點而言，我們把這種源自於膽怯的能量稱為「殺氣」。

殺氣不只包括恐懼和膽怯，我想各位可以把它想成是鬥爭、爭奪等負面能量的總稱。

和殺氣相對的能量是**「生氣」**。

「我想要感受到幸福。」

「我想要得到喜悅，也想取悅別人。」

像這樣**喜悅**、**幸福**、**快樂等互相分享的能量**，**總稱為「生氣」**。

殺氣和生氣沒有好壞之分。雖然肉眼看不到，但萬物都存在著能量。

兩者各有特徵和優缺點。

- **殺氣：維持時間短暫的能量。有即效性，無法長時間維持。**
- **生氣：中長期的能量。效果出現得慢，但維持時間很長。**

若想驅動自己，有兩個選擇：使用「想要（生氣）」的迴路，或者使用因恐懼和威脅帶來的痛苦，而「想要逃避（殺氣）」的迴路。

兩者的使用頻率若能保持平衡是再好不過，但一般人大多數都是使用殺氣。

說得簡單一點，殺氣就是「非這麼做不可，否則……」讓人陷入這種狀態，不得不付諸行動的力量，比如：

「如果沒做好這件工作，會被罵。」

「要是搞砸了這個專案，飯碗肯定不保。」

「如果再不改變，就會惹人厭了。」

殺氣與生氣

殺氣的特徵

- 恐懼
- 發怒
- 威脅
- 互相爭奪

殺氣

驅使人付諸行動時的短期能量。具速效性，但無法長期維持。

「去做○○！」「叫你去做！」

「不能不做○○」

生氣的特徵

- 喜悅
- 幸福
- 快樂
- 分享

生氣

驅使人付諸行動時的中長期能量。雖然不具速效性，但能夠長期維持

「想做○○」

「如果○○能實現就好了」

以短期來看，殺氣可以督促自己立刻採取行動，所以處理緊急任務和迫在眉睫的問題時，是一種使用上很方便的能量。純粹就使用而言並不會造成問題。

但是，**若從中長期的眼光看來，各位最好時常提醒自己一點：盡量減少殺氣，增加生氣；不論要驅使自己或別人，最好使用生氣。**

舉例而言，即使是不喜歡的工作，做久了，就會發現自己真正想做的工作是什麼。如果真正想做的工作對自己而言門檻太高，不妨先當作副業或興趣。總之，積極做自己喜歡的事情就好。

把激發自己去做的動機從「如果不做〇〇就慘了」「得做〇〇才行」，轉變為「想做〇〇」「我想要~」，這種態度非常重要。

別把自己當「廢材」

——設定小目標

在潛意識養成的習慣中，最多的就是把自己設定成「廢材」。自我肯定感（肯定自己的心理狀態）愈強的人，愈容易感到幸福，也愈容易發揮能力。相反地，覺得自己辦不到的人，無法充分發揮個性和才華的傾向愈強。

至於為什麼有很多人會覺得自己沒有能力，常見的原因包括：

- **以前曾經沒有達成自己設定的目標**
- **無法回應身邊的人對自己的期待**
- **不論做什麼都無法持之以恆**
- **個性懶散，凡事都要拖到最後一刻才做**

總之，許多人會因為在意過去失敗的經驗和自己的缺點，將自我形象設定成「一事無成」的樣子。

重視「我辦得到」的感覺

值得玩味的是，**愈是覺得自己無能的人，愈容易有「設定遠大目標」的傾向**。不難想像，目標訂得愈高，失敗機率也愈高。但是，沒有人是一開始就抱著失敗打算的。奇怪的是，失敗的情況卻重複發生。追根究柢起來，這也是潛意識所做的好事。

為了避免中了潛意識的圈套，這時應該做的是，**先制定不會失敗的小目標**。

首先做「做得到的事」，只要「順利完成就好」。

達成的喜悅感會刺激腦內的突觸，而且刺激會不斷擴大，連帶增加「我做得到」的自我肯定感，並且擴大到其他方面。

產生這股「我辦得到」的感覺對人很重要。

一再嘗到失敗和挫折的經驗，只會讓人覺得沮喪，自我形象的設定也會愈來愈趨負面。如此一來，永遠得不到自我肯定感，不論做什麼事都不會順利。

為了避免發生這樣的結果，首先要從沒有風險、不會失敗的事情做起。

若能做好這件事，就有信心做其他事了。

持續下去當然很辛苦，但請先累積「我做得到」的經驗吧。只要達成這一點，就可以輕易進階了。

不再以「做到了」「沒做到」為考量標準

——凡事只想著零或一的人，自我肯定的能力容易下降

把自己設定成「廢材」的原因還有很多。

因為，**很多人把「完全學會」設定成目標**。

也就是說，預設的前提為「完全學會＝做得到」。

我以前也是這樣。嘴上說「我還差得遠啦」，殊不知連已經做到的部分，也被自己列入「沒做到」而自我否定。

這麼一來，在全部做得到之前，等於完全當作是「做不到」。

舉例而言，每個人都會不經意說出「工作做得好．做不好」「會踢足球．不會踢足球」這類話。這些話本身沒有問題。

但是，如果當事者把目標設定為「要做得完美才算合格」，就很容易發生問題。

這樣的設定意味著人會這麼下定義。

「做得到」＝很正面、開心、幸福

「做不到」＝沒用、無趣、不幸

舉例而言，很多人都以為「如果球技不好，就無法享受高爾夫球的樂趣」，但也有人剛好相反「我的高爾夫球雖然打得很爛，但我打得超開心」。這種情況又該如何解釋呢？

「做得到．做不到」和「開心．幸福」是毫不相關的兩件事。

人生中充滿了無限的未知與沒體驗過的事，和做得到的事相比，做不到的事不知道多出多少。

如果在腦中產生「做不到＝沒用、無趣、不幸」這樣的連結，自我肯定感和幸福度當然會下降。而且，若只把達成感、成就感和優越感設成目標，人生只會變得痛苦。

重要的是，不要再執著於「做得到・做不到」這點了。同時要盡可能去感受做到為止的過程，以及那些微小的變化與成長所具備的價值。

最後一項是降低「做得到・做不到」的標準。

最好別說「我做不到」

例如，被問到「你會踢足球嗎？」時，你會怎麼回答？我想，沒踢過足球的人，大多會說「我不會踢足球」。

但是，只要知道基本的規則和踢得動球，其實就算「會踢了」。若用英文來說「做得到（can）跟做不到（can not）」，我想幾乎每個人都是「做得到（can）」。

當然，聽到「會不會踢足球」這個問題，恐怕大多數的人都以為這個問題問的是「你足球踢得好嗎？」

即使問的是能不能踢，也不會改變你回答「不會」的事實。

很多人沒想太多就回答「不會」，這也是受到潛意識的影響。

「會不會踢足球」，這個問題對很多人來說並沒有影響，但如果事關工作、業務或人際關係呢？

說得簡單一點，除了非常擅長的領域，你可能對每件事都說「我不會」。

這句話在潛意識一再重複之後，你就會真的以為「我不會〇〇」。

就像有人以為「我不擅長和別人聊天」一樣。

只是不擅長的事，卻被自己一直說成「我不會」「一做就頭大」，最後真的會變得一竅不通。

潛意識重複的自動編程，就是如此強大。

要以開不開心來決定，而非擅長與否

話說回來，「做得到．做不到」「擅長．不拿手」並沒有明確的標準。所以大家也是用**「總覺得」來決定**。

總覺得好像辦不到、總覺得好像辦得到。

總覺得自己好像並不拿手、總覺得自己好像做得很棒。

或許自己是依照某個根據下判斷，但即使自認「做得很拿手」，遇到功力更高的對象時，自己的能力就顯得微不足道了。

換言之，標準是相對，而非絕對的。

世上既不存在著「百分之百的拿手」，也沒有「百分之百的不拿手」。

既然如此，不論要採取什麼行動，「標準的制定」就變得非常重要。

我建議各位，比起以「做得到．做不到」「好．壞」做為標準，以「開心．不開心」為標準更好。

如同前述高爾夫球的例子，「雖然打得不好但打得很開心」是成立的，同時也是非常具有價值的觀點。這樣的觀點和拿手與否、會不會做、開不開心是完全不同的事。

總之，請把「開不開心」當作標準。

光是這麼做，就能讓自己做一件事時，不受到能力和評價的影響。當然，在做的過程中，人會產生想做得更好、想學會的慾望，但那不過是目標之一，不能把它當作最後的終極目標。

「做的事情」本身「讓人很開心」很重要。打造出做這件事本身是很開心的狀態，就能讓人感受到有價值和幸福。

追根究柢，行動是為了誰呢？

當然有部分或許是「為了回應某人的期待」，但是自己是否能做得開心，才是第一重要的前提。

或許有些人是因為做得好才覺得開心，不過，如果「做得不順利就不開心」，這樣的設定也未免過於嚴苛。請各位務必改變這樣的設定。

Chapter-2

意

第 2 章

整頓心・意識

人活著要對自己誠實

——人會無自覺地對自己說謊

接下來，我要為各位介紹如何替自己的身口意的「意」塑形。

首先，我想向各位傳達的重點是：「人活著要對自己誠實」。

你能對自己多誠實呢？

不知道各位聽到這個問題會如何作答？

「我活到現在一直都對自己很誠實。」

或許有人會這麼說。

但真的是這樣嗎？

其實，**人這種動物會在毫無自覺的情況下對自己說謊。**

舉例而言，假設被詢問「你的興趣是什麼？」很少人會回答「我喜歡待在家裡無所事事」或者「我喜歡看Youtube影片」。

「其實我真正喜歡聽的是偶像唱的流行歌曲，但還是講西洋音樂好了。」

「說喜歡吉卜力好像太沒什麼了，還是說喜歡科幻片好了。」

嘴巴上說要對自己誠實，卻又在意別人的眼光。每個人或多或少會在意別人怎麼看自己，同時也希望自己給別人留下好印象。

如果只是對自己的興趣不夠坦承還無所謂。

換成是自己真正想做的事會怎麼樣呢？

「其實我真正的夢想是成為作家。」

「其實我不想當上班族，想自己創業。」

即使心裡抱著這樣的想法，卻會一再為自己找理由，例如「如果失敗怎麼辦？」「現在沒有資金」等等。換言之，這些人等於是在向自己說謊，拚命要說服自己根本沒有這樣的想法。

口中說「我希望能完成〇〇的夢想，讓大家高興」等看似遠大的夢想，內心或許隱藏著想要變有錢、想要得到別人肯定的慾望。

「對自己誠實」該做的事

所以，當務之急是找回誠實的心，對自己誠實。

一旦對自己說謊，要面對的就是不斷折騰自己的現實。接下來，無論是努力到底的力量、持續力、一本初衷的堅持都會煙消雲散。想當然，不論最後想得到什麼，都可能落空。

很多人都以為「一定要全力以赴，竭盡全力，事情才會成功」，其實並不一定如此。有些事只要稍微有幹勁就能做到了。

之所以能夠「達成目標」，是因為做了能夠達成目標的「行動」。相反地，之所以「沒辦法達成目標」，是因沒有付諸行動或行動方向錯誤。

簡單來說，兩者的差異在於一個朝著正確的方向努力，一個則否。

真正重要的是源自自我真實想法所產生的「願景」，也就是「方向性」。只是在心裡描繪就感到興奮、有著能讓自己上緊發條的未來方向性，若能掌握方向性，事情自然而然會開始運作。

因此，我強力建議各位，務必在心中想像「我想要成為什麼樣子」「變成什麼樣的人會覺得很開心」。

是否實現並不是太重要，但能夠抱著「對自己誠實」的願景，這點本身就值得尊敬。

練習如何打造展望

——不可以扼殺自己的心

打造願景之前，必須先練習說好話。

說得具體一點，就是抱持著這樣的疑問：

「不限任何事，你想實現的願望是什麼呢？」

在教練的世界中，這個也是經常自問自答的題目。

如果你覺得現在的自己不容易描繪出願景，那就想想「如果是過去的自己會如何」。

例如把時間倒推回童年時期，想想小時候的自己，對未來描繪的是什麼樣的願景。

不管是多麼不切實際的願景都可以。像是「我想當超人」「我想要成為魔法師」之類的也沒關係。請把這個當作線索，從自己深受影響的書、漫畫、音樂、連續劇、人等，不斷回顧與挖掘吧。

在回顧、挖掘的過程中，你就會找到自己原本想得到的事物、真正想要的東西、想要成為怎樣的人等，或者起碼得到更進一步的線索。

發現自己隱藏起來的欲求

有些人或許在潛意識會出現消極的想法，老是認為「反正一定不可能……」，裝出不甚在意的樣子。

在這句「反正」之前，一定有一句被省略的話。

舉例而言，假設有個人的口頭禪是：「反正我長得又不漂亮……」。請大家想想，在這句話之前，省略了哪句話呢？

*

答案是**「其實我真的好想變漂亮，可是……」**。

「（我當然也想變漂亮啊。可是……）反正我長得又不漂亮……」

如同上述，在「反正我……」這句話之前，隱藏了你很渴望卻又放棄的欲求。

這種心理，等同於「反正我又不可能成為有錢人……」「反正我無論做什麼都不會順利……」。

「如果可以，我當然也想變成有錢人啊。可是……」

「我當然也想快快樂樂過日子，出人頭地啊。可是……」

這些都是被省略不說的真正欲求。

人就是用這種方式省略許多自己真正想說的話。

第一個重點在於，我們是否注意到這些「無聲的話」，也就是被省略不說的話。

如果注意到了，你就會逐漸看清「我自己真正想要怎麼做」。

因為隱藏了「我真正想這麼做」的欲求，**導致自己一直在扼殺自己的心**。

「做不到的理由」和「不做的理由」隨便找都是一大堆，自己的發展與可能性也就此被否定了。

但是對人而言，**可能性才是最大的寶物**。

相信自己可能性的人，能夠找到為了達成目標的創意和方法。

對可能性的肯定與否，將左右一個人能否發揮他的潛在能力。

與其在意理智的聲音，不如以心聲為重

——思考（頭腦）是安全系統

人是一種注定與矛盾和內心糾葛共存的生物。

「我好想出人頭地，但是又害怕成功。」

「每天充滿刺激的生活雖然很不錯，但我也希望內心保持平靜。」

不論想法再矛盾，人最終做的都是自己想做的事情。

舉例而言，有些人會出現「想瘦又想吃」這種互相矛盾的欲求，但若是進一步探究，不難發現這些人的心底其實沒有想瘦下來的意思。他們真正的想法是**「瘦下來比較好」**，而**不是「我想瘦下來」**。

總而言之，他們想的不是「我想瘦下來」，而是「瘦下來比較好」，所以「我想瘦下來」這句話只是口頭上說說。「瘦下來比較好」才是他們真實的心聲。

「我想做～」「這麼做比較好」「非這麼做不可」等，都是理智的聲音。

「怎麼辦？找不到想做的事。」這樣的煩惱，絕大多數都是理智的聲音在干擾內心的聲音。

理智和思考相當於人的安全系統，也可以說是煞車系統。

想法＝心聲＝「火」。
考量＝理智＝「水」。

對某件事抱著盼望的心和意念是「火」的力量。但是，若這個意念被思考「潑水」就會熄滅。

即使內心動了想做的念頭，理智卻出來踩剎車，對你投以質疑：「事實上，你應該做不到吧」「你不覺得難度太高了嗎」。

這點就是身口意紛歧不一的原因之一。

確認自己真正「想做的事」

話說回來，要找到自己真正想做的事並不容易。

「其實我真正想做的是這件事。」

「我想成為這樣的人。」

「我想要瘦下來。」

但是，這裡有個陷阱。

我們無法得知「想做〇〇」的念頭，到底是不是真心的「想做」，還是只是「這樣做比較好」。

雖然「我想做～」這句話是從自己嘴巴說出來的，但很可能是理智的聲音，不是真正的心聲。

重要的是確實掌握「真正的心聲」。

為了做到這一點，唯一的方法是隨時隨地問自己：「我到底想做什麼？」直到找到答案為止。

例如，我建議各位不妨寫下自己想做的事，再根據寫下的內容，重複自問自答。

「這件事其實是我覺得『做了比較好』的事吧。」

寫下自己的心聲後，再度仔細檢視，確認到底是理智的聲音還是真正的心聲。

會讓自己感到雀躍不已，甚至熱血沸騰的，很可能就是內心的聲音。

另一個確認的方法是看看意識位在何處。

如果「想做」的念頭源自於真正的心聲，表示意識應該位於「現在」。

如果是發自理智的「做了比較好」，意識應該位於「未來」和「過去」。

「想做」取決於現在想不想做。

「做了比較好」的大多是以前聽過別人這麼說，或者是因對未來感到不安才這麼說。

各位如果想正視自己的心，可試試冥想這個方法。

進行冥想時，請留意要確認內心真正的聲音。

理智的聲音還是心聲

「我想做～」
這麼做比較好吧
非這麼做不可
理智是安全系統
（扮演煞車的角色）
我想做～

理智的聲音負責替心聲踩煞車。
注意理智的聲音！（要分清是哪一種聲音）

※但是，兩個聲音都很重要！

陷入憂鬱狀態的人，理智的聲音特別大，而且態度很嚴厲。憂鬱的人只聽理智的聲音，所以「不能做的事情」變多了。內心的聲音是真正「想做的事」。

最終獲勝的不是水（理智），而是火（心）。讓火作主，火燒得愈旺，等於讓負責踩煞車的水不斷蒸發，最後就能付諸行動。

只要決定好「幸福的步驟」，人自然會變得幸福

——持續把焦點對準幸福的藍圖

你的世界觀，會以你相信的方式建立。

在意的事、說的話、發自內心的想法、行為，會決定一個人對世界與現實的看法。

所以，讓想法變得大膽一點，覺得「我就是很清楚如何掌握要領」「我就是運氣好」「我天生就是幸運兒」也無妨。

人會照自己的意思變得不幸，也會照自己的意思變得幸福。

變得不幸的人，每一個都一廂情願地認定「我註定會變得不幸吧」。發生狀況時，更會堅定這樣的想法：「看吧，我就知道」，深信自己註定不幸。

總之，現實是由你自己的信念所建立。

如果你覺得現在的自己處於貧困、不幸、未能得到滿足的狀況，那麼上述情況都會成真；相反地，如果你覺得自己現在很富足、幸福、什麼都不缺，那麼現實同樣會照你的想法發展。

這樣的信念與外界狀況無關，完全操之在己。

自己可以決定要把焦點鎖定在哪裡

舉例而言，假設你曾體驗過「和自己有好感的對象快樂出遊，共進美味的一餐」。我相信，只要回想起當時的情景，你應該還是會覺得很開心吧。

若能將這些愉快、正面的情景與影像，牢牢烙印在你的潛意識中，這些舒適的情景就會成為現實。

相反，沒有把焦點鎖定在正面意念的人會面臨什麼情況呢？

即使經歷了美好的體驗，卻還是會想起以前經歷的恐怖體驗、覺得厭惡的記憶、失敗的記憶。換言之，這樣的人彷彿被囚禁在過去。在這種狀態下過日子的人，不但活得很辛苦，也無法展開新作為。

因為他們在潛意識中不斷重播負面意象，對自己的肯定感和世界觀當然也會造成負面影響。

對自己會產生影響的是「自己時常在內心描繪的景象」。

很多人或許以為對自己影響最大的是「自己遭遇的事」，其實，遭遇之於我們的影響是化為喚醒記憶的契機，或者讓我們產生聯想。

舉例而言，假設你吃到了非常美味的烤肉。

「滋滋（肉在鐵盤上炙烤的聲音）」

「唉……（嘆氣、食不下嚥）」

「你怎麼啦？」

「我昨天和我老婆吵架了……」

「先別想這麼多了，美食當前，怎麼能放著眼前剛烤好的肉不吃呢！」

身體現在雖然坐在餐桌前，心卻不在。即使正在享受，焦點卻鎖定在了過去的難受體驗上，身心都不由自己作主。

反過來說，也可能發生情況顛倒的事情。

即使現在的處境再艱苦，卻能把焦點鎖定在「總有一天一定會變幸福」這個意象，這就是人與生俱來的創造力。

你是在何種狀態下鎖定意識的焦點？正面狀態？負面狀態？這決定了潛意識行動和選擇的品質。總是把意識固定在幸福、正面狀態的人，隨時間經過，能夠培養出掌握幸福的能力。如果能培養出這樣的能力，幸福就變得唾手可得。說得正確一點，不費吹灰之力，就能感受到幸福。

所以我才會說：「每個人都能得到幸福，而且不必努力就能感受到」。自己對職涯、工作、公司的願景也是同樣情況。

當然，即使畫好了藍圖和願景，人有時還是得面對嚴峻的挑戰。但是，能夠在心裡描繪願景的人，等於掌握能對自己發揮極大影響力的力量。

最終，能否管理自己的心成為最大的關鍵。

日本從國外引進的各種管理心靈法中，有個方法是利用激烈、誇張的行動，讓自己奮發向上，但我覺得這種方式較不適合東方人。理由很簡單，因為在得到結果之前，必須先克服害羞。

我建議身為東方人的我們，可以採用這個方法──**「擁有一項能讓自己產生意象的物品」**。

選項包括護身符、水晶、貼在牆壁上的照片或寫著某些話的紙片等。隨身攜帶這些一看就可以產生意象的物品，或放在容易看得到的地方。

心理學將之稱為錨定效應（Anchoring Effect）。簡單來說，我們可以藉由眼睛所見，自然而然地將潛意識聚焦在未來的意象或順遂的過程上。

另一種方法是**養成向自己提問的習慣，好讓願景浮現**。

舉例而言，請試著問自己：「我現在做這樣的選擇是為了實現什麼？」建議在冥想或睡前進行這樣的自問自答。

把焦點鎖定在正面意念

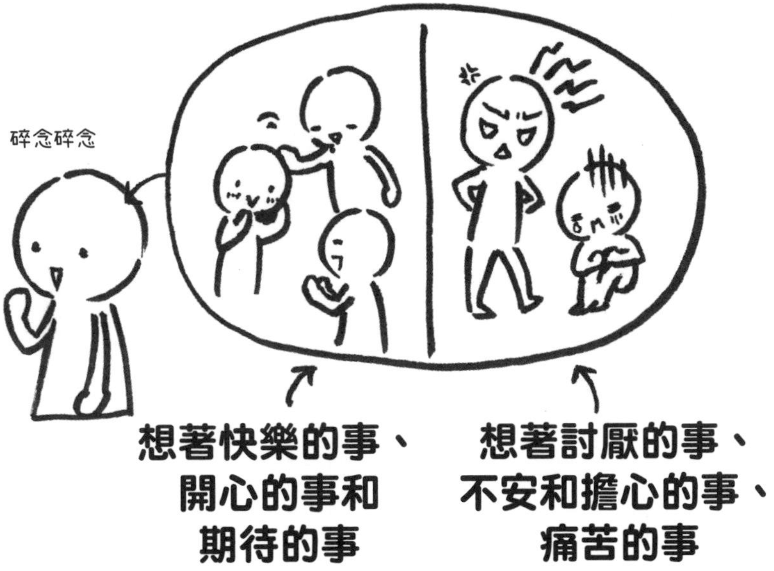

碎念碎念
想著快樂的事、
開心的事和
期待的事
想著討厭的事、
不安和擔心的事、
痛苦的事

可以將焦點鎖定在「正面的意念」或是「負面的意念」

⬇

人具備創造力

經常鎖定「正面的意念」，
就能感受到幸福

不可將成功和幸福混為一談

——成功屬於未來，幸福屬於現在

有些人容易把成功和幸福混為一談。

例如，他們深信「只要成功就會得到幸福」。

但是，在成功前方迎接自己的，並不一定是幸福。

話說回來，「成功」和「幸福」原本就是完全不同的兩回事，方向截然不同。換言之，我們不確定「事業成功發大財」是否能和「就此變得幸福」畫上等號。

世界各國都曾有機構研究年收入與幸福指數的關聯性，並發表研究結果。

行動經濟學家丹尼爾・康納曼（Daniel Kahneman），曾在二〇一〇年發表了一篇知名論文。

根據他的論文表示，年收入超過七萬五千美金之後，收入與幸福指數兩者間就不再具備連動關係。

雖然這個研究的主題完全是針對收入與幸福指數的關係，但把收入換成成功也是一樣的結果。

「成功」是成就感，「幸福」是滿足感

成功屬於未來，而幸福則屬於現在。所以兩者是沒有交集的兩件事。但是只要掌握要領，我們就能同時擁有兩者。

首先談談成功。

假設有「出發點A」和「終點B」。

規則是只要從A點出發，能夠抵達B就算成功。換言之，**只要按照自己的計劃去做、確實執行了，就結果而言就是成功**。

另外一方面，「幸福」則是一種時時刻刻的狀態，是內心的滿足感。換言之，處於幸

福狀態的人，不希望現狀有所變動，只要保持現狀就覺得「很足夠了」。

獲得成功，就會得到成就感。但是，得到成就感不等於得到幸福，兩者不能畫上等號。

獲得成功的瞬間，或許會一併得到充實感和成就感，但兩者持續的時間並不長。因為這種感覺屬於「短暫的快樂」，僅有在達到終點的那一刻才感受得到。在達成之前自不用說，達成之後，人又會設定進階的目標，所以快樂的感覺稍縱即逝。

當然，我的意思並不是以成功為目標是壞事。

只是想告訴各位，「只要成功就會得到幸福」是錯誤的想法。

很多人以為達成目標之後就會得到幸福，事實上卻非如此。

所以有些人即使獲得成功，卻依然不幸。如果成功的前方是幸福，那麼每一個成功的人理應都得到幸福。

當然，也有幸福的成功者，但是那些人都清楚知道，幸福與成功是兩回事，是兩個不同的目標。

感受到幸福的同時，以成功為目標

不過，**我建議兩者都想得到的人，把「幸福」排在「成功」之前。**也就是說，在盡可能感到幸福的狀態下，把成功當作目標。

採取「在成功之前要活得像苦行僧」的方式，會讓人覺得很痛苦。當然，這種方法還是有人用，但並非適合所有人。

但是，**成功也好，不成功也罷，對幸福與否沒有影響。**

很多人以為幸福就在成功的前方，就算遍嘗苦頭依舊繼續努力。但達成目標之後，卻還是得不到幸福。成功所帶來的喜悅也稍縱即逝。

原因在於，人會設定進階的目標，一旦達成現階段的目標，又必須朝下一個目標邁進。這雖然不是壞事，但也會激發出更多的慾望。如此一來，人就不會滿足。接下來的日子裡，也必須與這種好像欠缺什麼的感覺為伍。

成功和幸福的方向不同

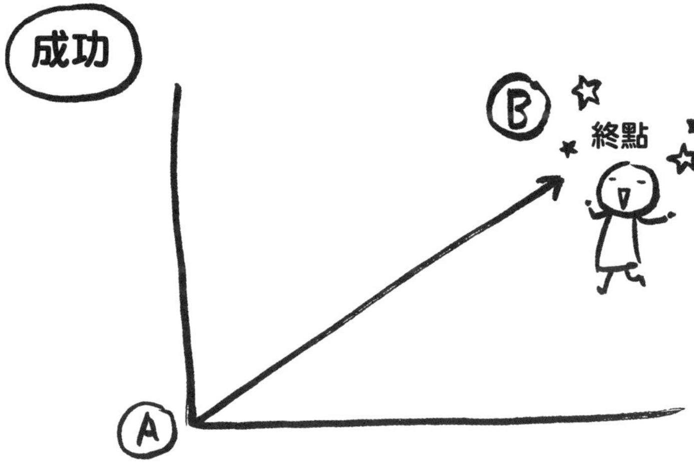

成就感是短暫的快樂，屬於未來。

滿足感是感謝自己擁有的，屬於現在。

「成功」不等於「幸福」

為了感覺到幸福，「此時時刻，我感覺到自己擁有的」「我是備受眷顧的」，要用像這樣的觀點面對人生。

如果覺得只要沒有得到成功，就稱不上「幸福」，這樣的人註定會不幸。

即使沒有得到成功，人還是可以有幸福的人生。只要在處於幸福的狀態，同時以成功為目標就可以。

那麼該怎麼做，才能先抵達幸福的狀態呢？

只要知道什麼樣的狀態是幸福，自然就會知道方法了。

所謂的幸福，一言以蔽之，就是能夠產生感謝之心。

或許很多人以為感謝是對別人產生的情感。

包括「每次都很謝謝你」「不好意思要麻煩你幫我這個忙」。

不過不只這樣，這裡所指的感謝，包含對一切小事都充滿感謝之意。

對身邊的人自不在話下，請各位也試著對自己、對自己目前所處的環境、自己現在所擁有的一切心懷感謝。

不光是自己想做也如願以償的事，對於正在進行的事、想要挑戰的事等，回顧一下「至今認為理所當然的事物」，並心懷「感謝」，就能夠體會到許多微小的幸福。

Chapter-3

口

第 3 章

整頓語言・思考

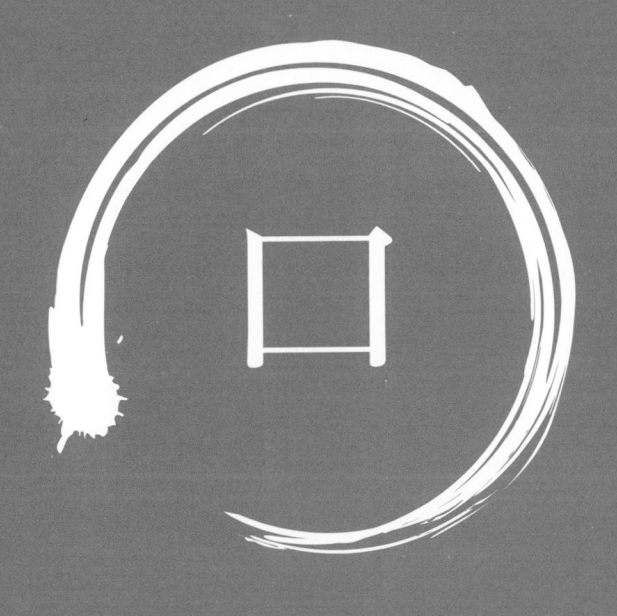

不能養成的口頭禪

——和「意義」相比，說話的「意圖」更重要

身口意當中，最容易改變的是「口」。

對於平常不以為意、時常脫口而出的話，若能多花點心思留意、掌握以及改變，對自己的身口意會發揮很大的影響力。

以口頭禪舉例各位應該更容易了解。

口頭禪很容易成為潛意識的習慣。在身口意當中，「口」就是指說出口的話。

有些話是經過思考才說出口的，所以各位可以把它想成「思考模式＝語言模式」。

下列的口頭禪，有一個共通點。

「我沒有錢。」

「我沒有時間。」

「我這種人……沒有能力辦到。」

「不可能，我沒有辦法做到。」

沒錯，共通點就是「沒有」。

習慣說沒有的人，不論面對何事，大多抱著漫不經心、隨便的態度。至於動不動就說「像我這種人……」的人，連對自己的態度也很馬虎隨便。

他們無法相信自己，把自己歸類為「沒用的人」。

老是把「我沒錢」這句話掛在嘴上的人，對金錢的態度大多很散漫。他們不是用錢很隨性，就是毫無計畫，難怪會常說沒錢。

我自己也常常提醒別人，最好不要常講「我沒有錢」這句話。

原因很簡單，姑且不論數量多寡，講這種話對你手邊現有的錢也未免太沒禮貌了。講這種話，對你錢包裡的錢、銀行裡的存款都有欠公道。

就算有人會說「我身上一毛錢也沒有」，但幾乎沒有人是真的身無分文。儘管身上多少還是有些錢，卻說「我沒有錢」。換個角度想，若把錢換成人，不就等於人明明在現場，卻被當作不存在一樣嗎？

意識到自己「為了什麼目的而說這句話」

和「意義」相比，說話的「意圖」更重要。

所謂的意義是**「想要表達的內容」**。

另一方面，意圖是**「為了什麼目的而說」**。

同樣的一句話，有人是為了扮黑臉而講，或者扮白臉而講。總之，不同意圖會帶來不同效果，同時也會發揮影響力。

請各位以後在講話時，養成習慣，留意「我是為了什麼而這麼講」吧。

就像日語裡的「笨蛋（Baka）」，以前江戶人雖然會用這個詞來罵人，但沒有帶著惡意，反而隱藏著一股不好意思直接表達的親暱感。起碼江戶人在講這個詞的時候，沒有貶低對方的意思。

所以這是個無傷大雅的詞彙。

相反地，即使話講得很客氣，例如「我很尊重你的意見，但你真的要這麼做嗎？」卻企圖煽動對方的不安或恐嚇對方，反而只會造成負面影響。

用這種方式講話，對自己和周圍都會釋放出殺氣。此舉不但讓身邊的人對你敬而遠之，他們也會想辦法回敬這些充滿殺氣的話，導致惡性循環。

因此，**選擇容易表達自我企圖的詞彙，讓對方優先理解你的意圖很重要。**

讓「意義自立」，事物的意義由自己決定

——活出自己一片天的方法

我會使用「依賴意義」和「意義自立」來形容某些情況。

「依賴意義」是指，向人尋求發生事件所代表的意義。
「意義自立」是指，不向人尋求發生事件所代表的意義，而由自己判斷。

舉例而言，假設有什麼東西從佛壇掉了下來。

「老師，請問有東西從佛壇掉下來，是不是有什麼特別的意義呢？」

如同上述，有些人一遇到什麼事，動不動就要請教別人，這就是我所謂的依賴意義。

按照一般常理，不具意義的事情，只要賦予其意義，就會變成「有意義」的事。

如果對方煞有介事地告訴他：「其實啊，這表示你家祖先的靈魂……」，這類人會立刻深信不疑。這點正是依賴意義的可怕之處。

有意圖的讓別人依賴自己，進而掌控對方的行為，對密教而言是非常愚蠢的事。但現實生活中，卻有很多人仰賴依賴意義和支配意義的關係過日子。

重要的是由自己決定意義

「打算告訴別人正確答案」的態度就廣義而言，也是一種依賴意義。

如果對方主動找自己商量，坦誠相告當然沒有問題，問題在於，對方有可能立刻照單全收，深信你的回答就是正確答案。

如此一來，不論你的回答是什麼都不重要，反正對方都會接受。但是，一旦陷入別人說什麼就信什麼的狀態，表示這個人很容易受到洗腦。

換言之，被這種人視為導師的人，可以隨意賦予事情意義。即使他沒有意圖讓對方依賴自己，**他的世界觀最後仍會變成對方的世界觀**。

依賴意義和意義自立

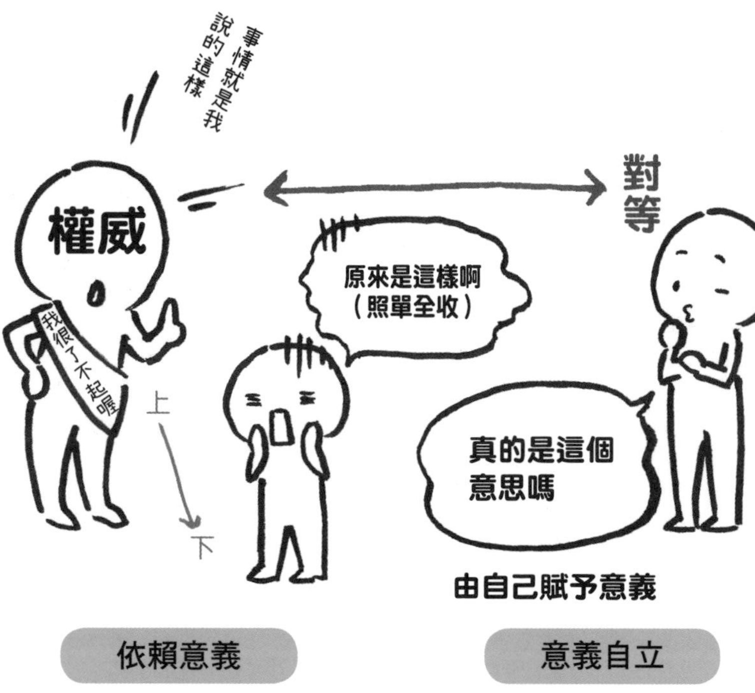

意義由自己決定

「如果不這麼做，絕對不會成功。」

「如果你連這種事也辦不到，不論做什麼都不會順利。」

有些人聽到別人這麼說就照單全收，並對此深信不疑。

就像入了邪教的人一樣，信徒們已經停止了思考。

即使對方回答得斬釘截鐵，但那一定是正確答案嗎？不過他個人的意見而已。

曾有人向我請教這樣的問題：

「照理說不應該壞掉的東西連續壞了三次。老師，請問這代表什麼意思呢？」

針對他的問題，我做了冷處理，只簡單回他一句：「我想應該只是湊巧吧。」因為我不希望讓他把我當成依賴意義的對象。如果是正式的諮商，在解答問題之前，我會先詢問對方：「為什麼你想知道這是不是有什麼意義呢？」

身而為人，如果不把自己當作世界的中心，活著就感覺不到幸福。儘管如此，卻有許多人把其他人的想法或主流意識奉為圭臬，活在別人的世界觀裡。這麼一來，等於按照別人的方式在過自己的人生。

因此，意義自立顯得特別重要。也就是要由自己賦予事物意義。不論有無意義，自己都要擁有獨立的意識，而非仰賴他人。

處理負面意見的方法

——隨時把自己的意見放在第一位

如果把別人的想法置於自己的想法之上，就永遠無法磨練自己的想法。因為缺乏嘗試與挑戰的機會。

所以，把自己的想法置頂很重要。

我的意思並不是要大家「變得傲慢」，而是要活出自我。

和自己的想法相比，有些人總是更重視別人的意見——比如專家、長輩、父母的意見。

但是這麼做遭殃的是自己。就算心中已有定見和想法，但潛意識已經養成了在乎別人意見與看法的習慣，所以會覺得左右為難，遲遲下不了決定。

天底下最痛苦的事莫過於無法決定自己的人生。因為不論做什麼事情，都必須獲得別人的許可，或者對別人言聽計從。

生活在這種狀態下的人，哪有生活的樂趣可言呢？不過，好處是可以逃避自己負責的風險，不必擔心犯錯。

如果想改變這樣的現況，請各位在評估與衡量時，不論對方的意見再有份量和影響力，也不要把它放在第一順位，而要以自己的想法為優先。不論是否採用對方的意見，都要由自己下決定。

別人說的話，終究只是意見。既不是事實，也不是正確解答，只是一種參考而已。只能說「這是他的想法」，其餘什麼都不是。

即使最後發現有錯，你首先還是要按照自己的想法去做；若失敗了，就從錯誤中學習。這就是「培養自我的方法」。

話說回來，「既然聽了意見，就要照著做」這個概念基本上就很不合理。聆聽別人的意見只是為了當作參考，聽了不採用也ＯＫ。

尤其是和你不熟的人，對你的批評和意見，基本上可以不必理會。

如果對每一項意見都認真看待，對自己會很不利。

如果是抱著雖然我自有主張，但為了拓展視野，聽聽對方怎麼說也無妨的心態，並且在仔細斟酌後決定接受對方的意見，這麼做當然不會有問題。

但如果聽了來自對你不甚了解的人，或者是自以為對你很了解的人所表示的意見，你卻覺得「說不定真是這樣」，那就有問題了。

對別人意見完全不加思索地立刻照單全收，甚至還認為「他說的可能是對的」，可就非常不妙了。

你不應該認為「他說的可能是對的」，只要知道「原來他是這麼想的」就夠了。

駁回對方的精神過濾器

我們的心原本就配備了過濾機能，我稱之為精神過濾器。精神（Psycho）的語源是希臘語的「psyche」，意思是「心・精神」和「靈魂」，這裡則當作心和精神。

人原本無法傷害別人的心。

舉例而言，別人沒辦法傷害我的心。原因在於，即使別人批評我，但除非我承認「對方說的可能是對的」，否則我的心根本不痛不癢。

假設有人說：「種市先生的工作態度很隨便」。

這句話若要讓我傷心，必須歷經兩個步驟。

步驟一是「種市先生的工作態度很隨便」這句話要能一路過關斬將，來到我的精神過濾器。

步驟二是「承認」。

換句話說，針對這個批評，如果我不覺得「可能真的是這樣」，心裡就不會有被刺痛的感覺。

舉例而言，我聽到「種市先生的工作態度很隨便」這句話時，我的反應是「啊，原來你這麼想（步驟一），但我並不這麼認為（步驟二）」。

能夠這麼想就沒問題了。**要不要讓對方的話通過精神過濾器，由自己決定。**

如果採納對方帶攻擊性的意見，心靈就會受到傷害。但如果不採納對方的意見，心靈就不會受傷。這就是精神過濾器的機制。

所以，聽到有人不懷好意地說「你真的太胖了」，有人會覺得深受傷害，但是，事實上一點也不胖的人、不放在心上的人、相信自己不胖的人，即使聽到同一句話也不會因此受傷，還能夠反擊對方。

要不要接納對方的意見，選擇權在自己手上。

改用英文來說更容易理解。

不論對方說什麼都只是「他個人的意見」。

假如你接受了「你太胖了」這句話而感到受傷，等於你承認、接納這個想法，也就是「I think so（我也這麼覺得）」。

針對所有意見，基本上只要以下這句話就可以搞定。

「You think so? Oh I understand you think so, OK.（你這麼覺得嗎?原來如此）。But,I don't think so.（但我不這麼認為）」。

保護內心的精神過濾器

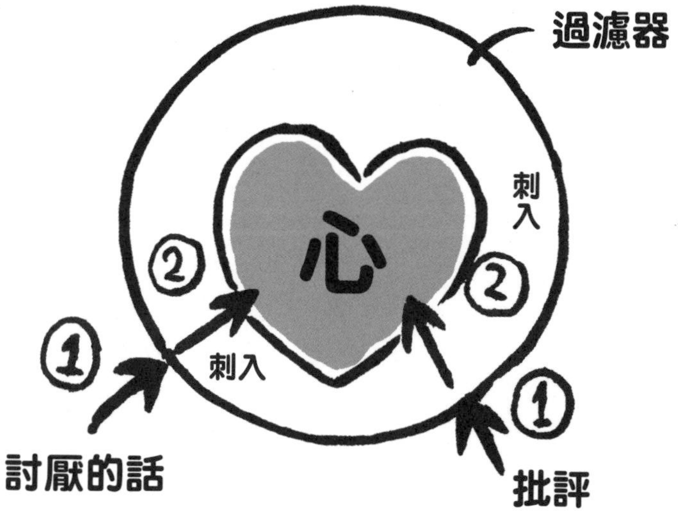

心靈之所以受傷，是因為自己採納了對方討厭的話和批評

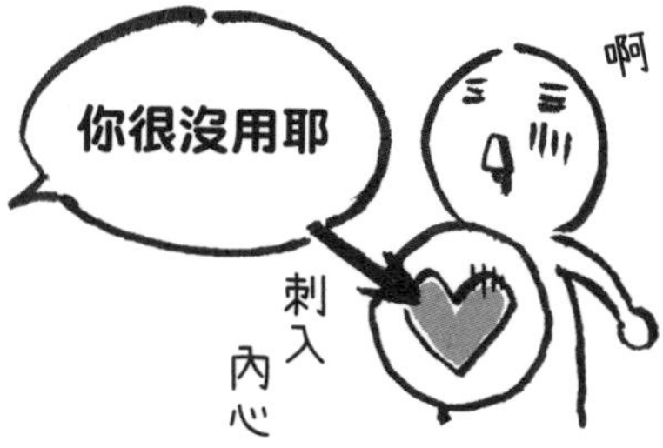

因為採納對方的話，心裡
才會覺得受傷

不採納對方的批評，所以
心裡不會受傷

基本上，不管是正面或負面的意見，都把它當作「原來你這麼覺得（you think so）」就好了。要怎麼想是雙方的自由。只要自己心中已有定見、有自己的看法，不接受對方的意見就好。

面對一開口總是沒好話的人，只要自己心知肚明「這個人又不了解我」就好了。

當然，如果是對自己很了解的人所給的建議，就有必要好好傾聽了。

最可怕的莫過於意義的「固定化」和「盲信」

——重新編輯「專屬自己的定義字典」

很多人遇到事情無法順利進行或遭遇失敗時，都會把原因歸咎於不相干的事上。

「每次只要和他共事，一定以失敗收場。」

「生意不好，都是〇〇害的。」

如同上述，很多人習慣將「A＝B」做連結。

但重要的不是把原因歸咎到某一點，而是自己做此連結時，對這點深信不疑。這也屬於潛意識的習慣。

我把這個習慣稱之為「意義的固定化」。

例如：「今天之所以下雨，一定是因為我平常沒做好事。」

就像這個例子，很多人動不動就賦予某一種現象意義，輕易做出「A＝B」的連結，或隨便下結論「因為是A，所以造成B」。以這個例子而言，下雨只是自然現象，和平常有沒有做好事沒有關係。

另外，還有許多事物的定義也會被綁定連結。包括何謂男性、怎樣才是女性、錢是什麼、成功是什麼、一流是什麼……。如果說這點「對那個人來說是正確的」，換個角度來看，也就是「只有對那個人而言是正確的」。

有些人做出的連結是「錢＝富裕」「錢＝神」「錢＝幸福」，相對地，有些人做出的連結則是「錢＝賭博」。

同樣地，如果有人認為「男人＝野獸」，也會有人以為「男人＝王子」。

這種固定化，和「只要相信，就完全不疑有他」的盲信一樣，會造成非常可怕的後果。自己任意下定義，並對此深信不疑，這樣的人有可能會親手扼殺人生的可能性。

綁定連結無法得到正確答案。

錢就是錢、賭博就是賭博、男人就是男人。男人既不是王子，也不是野獸。可是人在想到上述事物時，總會賦予各種意義。這樣的連結有可能讓人得到幸福，也可能引起爭執，造成不幸。

如果抱著不甚確定的態度，替人事物下定義，或者任由別人定義自己，就只會被意義牽著鼻子走，也看不到事情的真相。

因此，我們必須很清楚意義的面向非常廣泛且多樣，而且取決於個人的主觀。

定義字典的使用方法

其實，每個人都有一本「自己的定義字典」。**所謂的世界觀，就是這本字典的集大成**。

這本定義字典，照理說內容可以隨時重新編輯，但大多數人的字典都怠於更新資訊。

那麼，該如何使用這本已經為萬事萬物下了定義的字典呢？

人下定義時，大多數的來源包括聽來的消息、書本和雜誌、電視等媒體。換言之，大家靠想像替不曾體驗的未知事物描繪出意象，還替它下定義，並自以為很了解它。

所以，**請各位千萬不要把這本字典的定義當作是「正確解答」，而是「全都是假說」**。每次當有機會來臨，請依照自己的體驗和經驗重新定義。

舉例而言，原本認為「相信有外星人＝迷信」的人，如果真的看到外星人出現在自己面前，原本的定義一定會改變成「外星人＝實際存在的生物」。由此可見，定義會根據經驗而改變。

同時，各位還要知道，**意義可以由自己改變**。

如果意識到這一點，就比較容易從意義的固定化和盲信的狀態解脫。

請試著對一直以來確信的「A＝B」抱持懷疑的態度。以探究的心態，切割至今為止深信不疑的意義，好讓自己能夠自由地重新賦予事物意義。為了讓自己活得隨心所欲，這時候就應該讓創意大展身手。

拯救別人之前先救自己

——讓自己與別人都能雙贏

我所提供的諮詢和主辦的課程，目的是**整頓財富**、**身體和心理**。

財富是金錢、身體是健康、心理是精神。

換言之，我的目的是讓更多人獲得經濟上、身體上和精神上的自由。

我認為不論哪一種人，都必須確保自己在經濟上、身體上和精神上有得到最低限度的餘裕，並且讓三者維持良好的平衡。

原因在於，財富、身體、心理上不自由的人，不單讓自己，也會讓身邊的人遭殃。

因為戒不了賭癮，落得身無分文，過著糟蹋健康的生活，這樣的人，不只自己的內心變得一片荒蕪，可能也會對周圍的人造成負面影響。

在這三方面能過得隨心所欲的人，能夠給予其他人同樣的自由。

總之，我想表達的重點是，為了得到自由，首先要做的是**「拯救自己」**。在對別人做出貢獻之前，請各位先助自己一臂之力，讓自己先行有餘力再說。換句話說，人第一個該拯救的人是「自己」。

在尚未整頓好自己的財富、身體、心理之前，根本救不了其他人。

因此，密教認為，「不會游泳的人，即使看到有人在河裡溺水，也千萬不要試圖拯救對方」。

貿然去救人，只會增加溺水的人數。人在能力所及的範圍內，應該優先自救。自己應該趕快爬上岸，去找諳水性的人過來。

人首先應該讓自己處於經濟無虞、身體健康、精神上也得到滿足的狀態。唯有如此，才有餘力幫助別人整頓其財富、身體、心理的狀況，也才有餘力為了停止貧窮、戰爭、疾病貢獻一己之力。

確定有多的東西才與人分享

與人分享自己擁有的資源很重要，但分享的前提是自己必須擁有得夠多。明明自己也沒有或不夠，卻仍執意分享，很容易因為有所限制而引起糾紛。所謂的分享給別人，心態應該類似「今天滷了太多蘿蔔，送一點給隔壁吧」。

時間很多的人，就送時間出去吧。
有錢的人，就送錢出去吧。
對自己體力有自信的人，就貢獻出勞力吧。
精神上有餘裕的人，就付出體貼與溫柔的話語吧。
有智慧的人，就提供專業知識和點子吧。
人脈廣的人，就負責牽線吧。

把自己擁有很多的東西與人分享，如果從中感到喜悅，生氣自然會流動，但如果給的是自己沒有的東西，就會形成殺氣。

一視同仁地祈求自己與他人的幸福

密教裡有所謂的「自他法界同利益」。

簡單來說，意思就是**以自己與別人、其周圍全體，都能夠達到雙贏為目標**。

但是該怎麼做才能達到「自他法界同利益」呢？密教行者永遠只想著這件事。

另外，佛教裡還有所謂的「五大願」，這是佛教的五大中心願望。

眾生無邊誓願度
福智無邊誓願集
法門無邊誓願學
如來無邊誓願事
菩提無上誓願成

「眾生無邊誓願度」，意思是發願救度一切眾生。

「福智無邊誓願集」，意思是以集成無邊福智為願。

「法門無邊誓願學」，意思是誓願學知一切佛法。

「如來無邊誓願事」，意思是以成供養諸佛利樂眾生二事為願。

「菩提無邊誓願成」，意思是誓願證得最高菩提。

五大願之後，唱誦「自他法界同利益」。

如同上述，教徒們誠心祈禱，把五大願分享給一切眾生。

之後一定會唱誦迴向文*。這是為了把祈願的能量向世界流傳散布。

願以此功德
普及於一切
我等與眾生
皆共成佛道
（願此功德歸於大眾，願我和眾生一起成佛）

這四句偈被稱為迴向文，目的是為了讓祈禱時所產生的能量，能夠散布到世界每一個角落。

徹底分享，促進正面的能量循環，是密教的思想之一。

雖然說每個人都是獨立的個體，要自己先救自己，但一切都會與大眾分享，絕對不會獨占。五大願的前提，包含沒有緣分的人在內，永遠祈求著所有的人都能得到救贖。

所以，所以請各位為了自己的幸福著想，把自己和身邊的人視為「一個完整的幸福」一併納入考量吧。

---

*把自己所修的功德施向某處或某人，以自己的功德期使自己及他人都能成佛果。

打造自我信念的方法

——只要改變問題，潛意識也會隨之改變

接下來要告訴大家打造自我信念的方法。

為了改變原本堅定不移的想法，首先必須掌握「我現在相信的是什麼」。

信念大多會受到父母或整個家族的影響，根源在於從小聽到大的話。如果賦予自己的力量屬於生氣的信念是最好不過，但是……

「動作快一點！再不快一點，大家都會討厭你。」

「大人講的話你要聽！」

「不要自己想做什麼就做什麼！」

「你真的很沒用！」

如同上述，如果你接收的信念一向都是帶有殺氣，而且會扼殺幹勁和自信，最好要改一改。

為了改變原有的信念，**首先要做的是探索現有自信的根源，也就是「原體驗」**。只要找出原體驗，原本囚禁自己的「心理屏障」就會顯現出來。

「你在什麼樣的狀況下，以什麼樣的體驗為契機，開始決定採用這個信念呢？」

答案要靠自己找出來。

把焦點從「為什麼」改變為「該怎麼做」

另外，為了拓展已經僵化的視野，改變「習慣性提出的問題」也很有效。

其實，我們每個人的腦海裡隨時都在問自己問題。

「我要穿什麼好呢？」

「要幾點出發呢？」

「為什麼事情會變成這樣呢？」

類似這樣的問題，也是出於潛意識的習慣。

這時，我們要改變觀點，把原本的Why（為什麼）改變成How（怎麼辦到的）。

我們別再問自己「為什麼我老是這麼想呢？」而是試著問自己「我該怎麼做，才不會遇到這種事呢？」

別再問自己：「為什麼我會沒錢呢？」

而是改問：「該怎麼做，才能改善我的財運呢？」

有意識的一再練習以How（怎麼辦到的）來發問，不再讓原本的「為什麼」成為焦點，就可以把焦點放在自己想要達成的目標上，也就是以「該怎麼做」為思考主軸。

Chapter-4

身

第 4 章

調整行動

「以理想中的自己」的身口意過日子

——整個宇宙都在自己心中

密教認為，「不要老是向神佛祈求自己的願望能夠實現」，而是讓自己和神佛一體化，擁有神佛的智慧、力量和身口意，如此一來，任何問題自然能迎刃而解。

舉例而言，假設為了解決某個問題，你需要藉助「慈悲與溫柔」的力量，那你的不二人選就是觀音菩薩。

如果需要的力量是「不動心（不在一個念頭或現象產生執著）和熾熱的心」，那就是不動明王。

如果是「笑臉和分享的心」，就是大黑天。

如同上述，人可以把自己和多位神佛一體化。

密教把這樣的想法稱之為**「入我我入」**。也就是行者進入本尊（佛），本尊進入行者之中，成為一體。

觀音菩薩就是觀音菩薩。觀音像即使巍然聳立，實際上並不會直接對人伸出援手。膜拜觀音像，向祂祈求庇蔭是顯教的作法。

相對地，**密教的作法是信徒嘗試「要成為」觀音菩薩**。以行走觀音的身分說慈悲，是密教特有的概念。也就是在這一生中，直接轉化為佛的化身，稱為即身成佛。

不動明王像畢竟是神像，並不會起身行動，所以實際上不可能為信徒挺身而出。

密教認為，我們不該一味央求：「不動明王，請您幫幫我」，而是主動說：「我要成為不動，不動要成為我」，表現出想要消除與不動明王之間界線的態度。接著，以行走的不動明王自居，掌握不動心，並且抱著與身旁人分享的想法。

想像著不動明王遇到這種情況會怎麼做、怎麼說、怎麼想，也就是去感受不動明王的身口意。若是不動明王會做些什麼？答案就藏在不動明王的「印」裡。說到不動明王會說什麼，就是：

「南無三曼多 伐折羅赧含」

這就是不動明王的真言。另外，說到不動明王會想些什麼？答案就藏在不動明王的姿態中。

一旦以行走的不動明王自居，日常的言行舉止和動作（身）在許多場合都會改變。說話的用字遣詞就是口。接著，對別人的體貼關照（意）會改變。身口意的身是行為舉止，口是說話的遣詞用字，意是對別人的體貼關照。

因此，輪流對著展現出多樣面貌的本尊唱誦真言，不僅意味著「請幫助我」，更是開啟了一扇新的門扉：「如果我是佛子（佛之子），請賜予我如是的智慧與力量」。

密教中有個前提是，我們的身與我們的體，本就已經具備兩個兩界曼荼羅（金剛界曼荼羅和胎藏界曼荼羅），隨著修行逐漸加深（結手印、唱誦真言、心觀本尊），這扇門會逐漸開啟。

這點也適用於各位身上。

不論什麼樣的人，都能夠擁有毘沙門天的「勇氣」、不動明王的「不動心」、觀音的「慈悲」、弁財天和大黑天的「財福圓滿」。

只要懂得輸入身口意這項「密碼」，你就能靠自己打開這條通路。

精心設計自己深信的事

如果現在的你深信自己是個沒用的人，或者被人際關係、日常生活壓得喘不過氣，不過是因為你採用了錯誤的意象。

既然如此，我建議你做點改變，在自己深信的事情上稍微下點工夫吧。這是一種「意義自立」，也將會和新的意象化為一體。

如同前述，**事情所代表的意義和想法要由自己決定與下連結**。密教的祈禱和咒術，使用的正是建立觀念的能量。舉例而言，密教有一句觀念文是**「以金剛網覆蓋於上方」**。此網又稱為虛空網。唱誦於結界時，將金剛網張於虛空，以防魔障入侵。

但實際上，金剛網或其他任何網子，都只是用手指結手印而已。

但是，前提是，「這樣一來就設置好結界了」。

「以印右旋三匝，隨心大小，即成金剛堅固之城。」

上述這句祈禱文也充滿自信的主張「即成」。也就是「做了A就會成為B」。換言之，只是按照自己的意思決定了觀念。

「真的？不會失敗嗎？」

「不會，一定會成功！」

我常常斬釘截鐵地向人掛保證（笑）。自己決定要成功，並抱持著堅定、屹立不搖的信念很重要。只要做到這一點，接下來不可思議的是，不單是感覺，連現實也發生變化了。

「我會成為毘沙門天！」

「不是，你不是毘沙門天，你就是你。」

「我會成為毘沙門天！」

如同上述，請各位用這種態度一步步做下去。

舉例而言，前述的「以金剛網覆蓋於上方」，第一步就是讓觀念（意義）成形，接著再以手印張網。

這種作法的特徵是先賦予意義。

也就是**先針對自己要做的事情賦予意義，再依照這個意義行動**。這麼做可以讓人成功擺脫意義依賴，把世界觀轉變為基於主體性成立、獨一無二的世界觀。

所謂的觀念，純粹是自己深信不疑的事。

事實上，人只能活在自己深信不疑的事當中。所以，擁有深信不疑的信念無妨。

但若追根究柢，看在外界眼中，「只要這麼做就能設結界」的說法讓人難以置信，但相信的人可以確實設下結界。

或許有人會對這種作法嗤之以鼻，但只要不斷重複，一旦強烈的信念成形，就會化為現實。

事實上，人可以確實體驗到顏色和形狀看起來不一樣了。看起來之所以變得不一樣，是因為信念變強，所以除了出現感受的變化，也會逐漸反映在現實上。

總之，不論自己是刻意還是出於潛意識，只要相信看起來會有變化，實際上就真的會變得不一樣。

至於在對方眼中看起來是什麼樣子，心中又做何感想，在這裡並不是太大的問題。只要決定「我要成功」，事情就會如願以償，就算耳邊傳來雜音：「有人說這麼做沒有意義」，只要當作沒聽到就好。

這個道理也適用於塑造自我形象。

只要一再告訴自己，形成強烈的信念，心裡想的就會成為現實。

舉例而言，假設父母一直不看好你，老是對你嘮叨：「你怎麼老是這副德行。」如果你真的採用了這個形象，那就會變成你實際的模樣。

如果你一直告訴自己「現在的我已經很棒了，別擔心」，時間久了，這句話就會成為你的信念，並化為現實，最後「我是一個很優秀的人」這句話就會成真。

總而言之，別人對你說的話、自己潛意識講的話……這些會塑造你的世界觀，進而創造出你的現實。

設計你的自我形象

和自己想成為的神佛或形象一體化

⬇

以一體化對象的身口意而活

如何複製別人的身口意

——身口意的塑型

「我想成為這樣的人。」

「成功的事業家是我崇拜的對象。」

我想，每個人的心目中，一定都存在著憧憬的對象，希望自己能夠成為像對方那樣的人。雖然我們不可能完全變成對方，但效法對方的身口意，把它變成自己的身口意，也不失為另一種可行之道。

作法很簡單。

只要複製憧憬對象的身口意，也就是他的行為模式（身）、言語或口頭禪（口）、想法和意識的焦點等（意）。

揣摩對方的意識趨向時，各位可發揮想像力，例如想像著：「原來他會在這種地方下工夫」「這麼低調的地方也會花心思呢」。

並且要仔細複製每一項特徵。

只模仿外表，或者只當作參考，很可能只學到皮毛。

請各位不要採取這種半調子的作法，而是盡可能努力去掌握對方的身口意。運用身口意的框架，整理出自己該好好解讀的重點。

掌握對方的五感，與自己一體化

另一項建議各位嘗試的方法是掌握對方的五感。包括對方眼中所見、耳朵所聽聞的資訊、以什麼方式呼吸、擺出什麼樣的姿勢等……。

這就是一體化。

習慣之後，你自然會慢慢知道，「這個人遇到這種情況會這麼做」。能夠愈來愈掌握這一點，表示你的塑型功力有所進步。

「他大概接下來會這麼說吧。果然說了！」像這種情況，你也將習以為常。

但是有一點各位一定要銘記在心，那就是「即使複製了對方的身口意，也無法變成那個人」。別人終究是別人，我是我。密教不是要人一輩子效法別人，而要是以極致的自我為目標。

以別人和自己現在缺乏的特質為範本，探求會有什麼降臨自己身上、想像自己遇上「某件事」而有意想不到驚喜，都是一種樂趣。

缺乏未知體驗的人，有可能讓自己潛藏的才華和可能性就此埋沒。

舉例而言，密教的瀑布修行正是如此。瀑布修行並非單純在訓練忍耐力，目的是藉由讓自己處在瀑布的非日常環境下，掌握會有何變化降臨到自己身上。瀑布修行，其實是勇於把未知之物納入自己的內在，抱著期待又興奮的心情，想像著即將發生在自己身上的變化。

不論做哪個選擇都殊途同歸

——不用去想「哪一個才是正確答案」，而是「把自己做的選擇當成正確答案」

人在行動的時候，總是會以「正確還是不正確」來思考自己的選擇。就像站在人生的分叉路一樣，很多人以為人生的選擇只有兩種，因為「不知道該往右走還是往左走」而陷入迷惘。

單純就解答而言，我的建議是，**「不論選擇哪一條路，都把它想成殊途同歸就好」**。

如果不知該如何選擇，我想原因在於大多選項都很像，像是：「不論選哪一個都很開心」「選哪一個好像都會很辛苦」「不知道這兩個有什麼不一樣」。

換句話說，不論做哪一個選擇，都不會有太大的差異。如果差異很大，相信每個人做選擇的時候就不會猶豫這麼久了。

當然就現實而言，不同的選擇意味著踏上不同的道路，或許人生的發展的確會受到選擇所影響。

但是，苦惱之後，即使不知結果會如何，還是做了難以抉擇的決定。這是很值得嘉許的勇氣。

因此，不論結果好壞，首先我們要針對有勇氣下決定這點表示敬意。請各位認知到，「不論選擇哪一邊都好」，**把自己所選的當作是最好的**。

未來的事誰也不知道

事情原本就沒有絕對的標準答案，如果真有標準答案，在做出選擇之前，就必須先決定「我不會後悔」。

也就是說，做了這個選擇之後，即使之後遭遇天大的困難，也要相信這個選擇是正確的。只要能做到這一點就不會後悔了。

若事情不順利，身邊可能有人會事後諸葛。

「如果你當初這麼做就好了。」

這種意見可以不用聽，請千萬穩住自己，不要因別人的話而自我質疑，即使你心裡可能也這麼想，但沒有必要聽取別人的馬後砲。

未來的事沒有人可以預測。

下決定的時候，沒有人知道以後會如何發展。

下決定的是不知結果會如何的自己，而不是已經對結果了然於心的自己，所以我才會說：「不知道會如何卻能下決定，真是厲害」。

但是，往後如果又遇到必須做出類似選擇的時候，「是否能把上次的結果當作前車之鑑，做出更好的選擇？」就是提高判斷能力的學習機會。

認知到一開始會做不好

——一再重複是拓展新迴路的關鍵

假設你決定要挑戰某件新事物。

這時，你必須做好一項非常重要的心理準備：「即使一開始進行得不順利，也不要因此氣餒」。

即使失敗了，也完全不要放在心上，繼續努力。

受挫所造成的問題不是失敗本身，而是無法從失敗走出來，變得意志消沉，最後宣告放棄。

功力再高明的專家，一開始也是笨手笨腳。然而還是有那麼多人，只不過在起頭時碰壁，就立刻變得意志消沉，判斷自己辦不到。

以潛能的觀點而言，立刻放棄實在太令人惋惜了。

不論哪個人，嘗試新挑戰的時候，幾乎不可能立刻上手，失敗的機率很高。做不好是理所當然的。

第一次打棒球的人，揮棒落空是天經地義的事。

第一次接觸高爾夫球的新手，不但會揮桿落空，也難以打出好成績（新手偶爾有出色的表現，但不穩定）。

剛踏出校園的社會新鮮人，初入職場時連東西南北都分不清楚，知識、經驗和技術通通沒有，即使本身的能力很出色，幾乎也派不上用場。

奇怪的是，當他們面對第一次接觸的任務，卻很容易氣餒、失落。

追根究柢起來，**他們憑什麼覺得自己辦得到呢？**

坦然面對自己一開始做得不好的事實是很重要的認知。

因為做不好，所以失敗。因為失敗，才可以從中學習。因為學習，所以變得愈來愈熟練。

只要不斷累積失敗的經驗，一再下工夫，總有變得精通的一天。

我一開始學習密教的時候也是一樣。

例如我學了新的真言，唱誦的時候卻老是記不起來。所謂的真言，不過是由日文的平假名和片假名所組成，每個日本人都會唸的文字，偏偏我就是一個字都唸不出來。原因是雖然我認得這些字，但還不能對嘴巴發揮影響力。

其實不只是我，等到我後來有能力教別人真言，和我當初一樣，馬上苦惱於「沒辦法順利唸出來」的人，多到數不清。

等一下，不要馬上為此煩惱！

不要因此而氣餒呀～

這兩句話已經快變成我的口頭禪了（笑）。

因為，人如果變得意志消沉或氣餒，就不容易有更上一層樓的機會。

精通的唯一秘訣就是不斷重複練習

各位在一開始不要氣餒，也不要產生任何疑問，只要歷經「做不來」的體驗就好。一開始只要做到這點就夠了。

難就難在於很少人願意做一再重複的事，反覆練習。這是人無可奈何的弱點。因為討厭一陳不變是人的天性，我們的大腦總是追求新的刺激和生產性。

另外，結手印的時候也一樣，我一開始連每隻指頭的名稱都搞不清楚。

「來，伸出無名指。」

「無名指嗎……（結果我伸出去的是中指）」

那時的我，對自己的指尖、嘴巴、身體、動作、意識的焦點等，都還不具備影響力。那麼該怎麼做才能發揮影響力呢？唯一的方法就是不斷練習。

我們呱呱墜地時，既不會講話也不會走路，更別說拿筷子吃飯了。完全處於對自己身體毫無影響力的狀態。接下來，每個人都是隨著成長與不斷地練習，逐漸熟練日常生活中的動作。

雖然人人都很嚮往「一瞬間就成功的方法」「只要十秒就能改變自己！」之類的速成法，但天底下沒有白吃的午餐。就算真的有一瞬間就能改變的方法，維持的效果大概也只有一瞬間吧。

事情都是隨著反覆練習，讓身口意形成習慣而逐漸改變、成長。

不是經由點滴累積所帶來的結果，而只是運氣好、湊巧到手的成果，這種東西來得快去得也快。

重複所造就的熟練就像培育農作物。花費大量時間和心力所完成的架構和得到的成果，不會輕易受到破壞。

因此，不管是哪個領域，為了在自己想一展長才的領域上，做到原本做不到的事，唯一的方法就是不斷歷經失敗，並且從失敗中一再學習。持續去做才能慢慢開創出新的迴路。

昨天做不到的事，到了今天或明天，就能夠做到了。這當然是可喜可賀的事。相對地，我們無法期待短時間學成的技術，能夠發揮中長期的效果。

有鑑於此，我建議各位把一再重複的動作，視為「學會之前的過程」，並樂在其中。

藉由「一再重複」練習，讓自己逐漸熟練，必定可以在不久的將來，歡呼收割。

養成新習慣的訣竅

養成新習慣的訣竅是在舊有習慣加上「新動作」。

舉例而言，「刷牙後，花三分鐘整理」。我建議各位把紙貼在牙刷旁邊（或顯眼的地方），好隨時提醒自己，效果更好。

為了確認新的行動是否已養成習慣，最起碼要連續重複二十一天。假設持續了二十一天還是沒有養成習慣，請不要沮喪，繼續努力直到新行動變成理所當然的習慣吧。

持續二十一天並不是你的最終目的，而是要讓它變成你的習慣。

不要對自己打馬虎眼

——獲得「我辦得到」的肯定感，等於開創了新迴路

密教中有所謂的「護摩祈禱」。這項儀式是在焚燒護摩木的同時，一邊進行祈禱，不但耗時也相當費力。當然，熟記儀式的作法需要一段時間，但即使記住了，基於修行的目的進行時，準備需要一小時，祈禱要兩個半小時，整理大約需要一個小時。上述的一整套流程一天要進行三次。

儀式中需要把護摩木放入火中焚燒，還有放入當作供品的油、中藥材、芝麻粒，所以原本整理得乾淨整齊的護摩壇，在結束祈禱之後，會變得油膩又凌亂不堪。好不容易把護摩壇整理好歸位，馬上又要開始下一輪的儀式。結束後，再次把護摩壇整理乾淨，重新開始。

光是看我這樣敘述，各位應該會覺得很辛苦吧。

但是，如果將之視為理所當然，執行起來就一點也不覺得苦了。就某種意義而言，好比感覺一旦麻痺，不但內在的基準跟著改變，身體也具備了強大的「重頭再來的力量」。

比如，**「什麼？還要再重頭來一次！」**原本這種心態，會轉變為**「再來一次嗎？沒問題！」**

從這類特殊的體驗培養出特殊的標準後，原本覺得一再重複同樣的事與重頭做起是件很辛苦的事，也逐漸變得不以為苦，不再排斥重頭做起和單調的作業了。

唱誦真言一〇八〇次是密教的修行之一。這也是屬於強烈重複和單調的作業。我曾經在唱到九三〇次的時候不小心睡著了，結果又從頭重新唱誦。

即使如此，我還是要做。

我並不是受到誰的指示才進行修行和祈禱。即使做到了，也不是值得驕傲或具備生產性質的事，而且過程非常辛苦。再者，實際上有沒有做、做得如何唯有自己知道。所以，完全可以混水摸魚。

但是，唯一瞞不過的人就是自己。

俗話說：「天理昭彰」「人在做，天在看」「舉頭三尺有神明」，其實真正在看的是

自己，不是別人。

自己是唯一心知肚明的人。遇到要重頭再來的時候，只有自己知道實際上做出了何種選擇。

在知道不可能對自己太嚴苛的前提下，不斷增加「我決定要做」，而且做到底的經驗，不但能拓展自己的可能性，做的時候也會樂在其中。

決定要做什麼都可以，即使是很簡單的小事，例如「回家後一定要把鞋子排整齊」也可以。

一旦決定要把哪件事養成習慣，就請試著照自己的決心執行。

如果發現做不到，那只是單純的評估錯誤，請稍微降低標準，繼續努力。如果覺得連續三天把鞋子排整齊有難度，改成「就今天把鞋子排整齊」也ＯＫ。

總之，請盡可能累積「我做到了」「只要我想做就辦得到嘛」的感覺。這種感覺的有無、自我信賴感的有無，就是有自信和沒自信的人差異所在。

密教的終極目標在於引出藏在自己內在的一切

密教所說的開悟，意思是在今生，充分運用隱藏在此身此體的一切，站立在自我可能性的頂點。

距今約一千兩百年前，當空海從唐朝的首都長安，把密教帶回日本，日本本土佛教的思想是，「只要依循釋迦牟尼佛的教誨，重複生死輪迴，終能在極樂淨土獲得幸福」。

空海帶來的思想對日本當時的佛教而言，不啻潑了一盆冷水。

「為什麼有人會覺得死了才會想得到幸福呢？」

「人生不就是要活著才有意義嗎？」

「人在今生真的無法成佛嗎？」

與生死無關，人人都能作為佛活下去。換句話說，就是密教所說的「即身成佛」。

密教修行的最終目的是達到秘密莊嚴心。

這是密教中《十住心論》的第十住心*，也就是最高階段的終極開悟層次。

用最簡單的一句話來形容，就好比自己成了像閃耀著黃金光芒的佛祖。

自己對自己做這樣的觀想。

你的目標不是成為聖人君子，而是把個性發揮得淋漓盡致。

我們每個人，到底是為什麼而活，又為什麼而死呢？

答案是探究自己的可能性，活出極致的自我。儘管自己的可能性才是最大的資產，很多人卻不願意嘗試新事物，馬上就放棄或耍脾氣，實在非常可惜，也愚不可及。

＊《十住心論》為空海的代表作之一，十住心指心的十種狀態。第十住為祕密莊嚴心。

增強自信的方法

——目標不是「為了不被～」，而是「即使被～」也沒關係

為了讓自己的可能性大放異彩，確定自己沒問題很重要。

這裡所說的沒問題，不是確信「不會發生壞事」的那種沒問題，而是「壞事和討厭的事可能常發生，但我就算遭遇這些事也沒問題」。也就是即使遍體鱗傷也無妨的那種沒問題。因為相信自己有能力適應環境。

不是以別人，而是以自己的觀點為出發點，用這樣的身口意過日子，可以增強「我沒問題」的自信感，生出在這個世界生存下來的力量。

你期望的不是「不要被當作笨蛋」，而是**「自己即使被當作笨蛋也沒問題」**。

你期望的不是「不要惹人生氣」，而是**「就算惹人生氣也無所謂」**。

你期望的不是「不要受人討厭」，而是**「就算被人討厭也心平氣和」**。

你期望的不是「不要被人排擠」，而是**「就算被人排擠，也能交到新朋友」**。

加強「沒問題」的確信度就是這麼一回事。

人原本就具備一套化險為夷的系統

無論自己再努力、如何在乎別人，遺憾的是，我們一定會被某些人輕視，或者遇到惹人生氣、被討厭、被排擠的情況。

但是，即使遇到不好的事，人都有辦法讓自己化險為夷，順利脫身。

因為人原本就具備一套化險為夷的系統——習慣。

就像人心中無法延續歡喜的情緒幾十個小時一樣，即使面臨不好的狀況，人也沒辦法連續嘆氣幾天幾夜。換言之，不論好壞，人都會習慣。

即使歷經非常悲傷的體驗，人也不可能永遠沉浸在傷心難過的情緒中。不論是失戀還是其他痛苦的遭遇，差別僅在於每個人最終接受事實的時間是長是短。厭倦感情、習以為常是人的天性。

當然，某些痛苦的情緒有時候仍會殘留在心底，就算不是百分之百，但隨著時間的經過，痛苦多少能緩和。

請大家列舉出三樣「至今為止，人生中最痛苦的事」。

當人還置身於痛苦的漩渦中，即使覺得自己痛不欲生也不足為奇。

但是，你現在正在閱讀本書，表示你已經從當時的痛苦走了出來。我想，當時讓你如此煩惱的問題，你現在已經不再感到困擾了。

所以，雖然不知道確切的時間點，但你可以確信一切都會變得「沒問題」的日子總有到來的時候。

密教式冥想法：誠實面對自己

——練習讓身口意一致

——強制停止思考的積極式冥想

如果有人想誠實面對自己的內心，我很推薦運用密教式的冥想法。包括正念療法等冥想方式，冥想的效果已廣受各種媒體報導，或許有些人早已身體力行了。

如同前述，密教行者把結手印、誦真言、心觀本尊稱為三密修行。實際在修行上，行者會配合目的搭配不同的手印和真言，但是難度對各位而言太高，所以我介紹以下的簡易版冥想法，一樣很有效。

首先請各位做個深呼吸，雙手合掌，或者採用雙手手指交叉的金剛合掌。放鬆，坐下，腦中想著宇宙整體或大日如來*的模樣，慢慢唱誦以下真言二十一次。

「唵阿毘羅吽欠　唵縛日羅馱睹鑁（om a vi ra hūṃ kham om vajra dhātu vam）。」

如果在室內唱誦，請在面前放置佛畫、佛像、梵字、曼荼羅；如果在室外進行，則可以抬頭看天空，也有同樣的效果。

這種積極式的冥想能夠強制停下大腦的聲音，讓人進入無思考的狀態。而且全身自然而然會被一股豐富的能量包圍，心中也充滿感謝與慈悲。

持續一陣子之後，就能感覺到有一個客觀的自己，想要讓自己的身口意（意識到手印、口誦真言、心觀本尊）變得一致。

---

*釋迦牟尼的法身佛，是密教至高無上的佛。

密教式真言冥想法

梵字
（梵字：金剛界大日如來）

金剛合掌

· 雙手呈合掌或金剛合掌姿勢
· 深呼吸
· 想像著宇宙或大日如來的姿態
· 唱誦真言二十一次

om a vi ra hūṃ kham om va jra ra dhātu vam
「唵 阿 毘 羅 吽 欠　唵 縛 日 羅 馱 睹 鍐」

提高自我行動力的思考法

——明白有些事情需深思熟慮，但有些事情多想無益

付諸行動之前，必須把握一個很重要的原則。

簡單來說，行動可大致分為兩類——「考慮清楚再做」和「不要想太多，直接去做就對了」。

如同前述，有時候因為想太多，反而無法下定決心付諸行動。

很多人雖然曾經聽說「學習要透過體驗」，也有身體力行的打算，最後卻毫無作為。

理由為何呢？

因為不需要考慮，直接去做就好的事，他們反而考慮太多，最後卻步了。

遇到讓自己恐懼的事時，你會怎麼做？

即使花了很多時間思考該怎麼做才不會讓自己害怕，但是會害怕就是會害怕，所以不

如抱著恐懼的心，直接前進吧。換句話說，就是不要再想了。

心裡有煩惱時，你會怎麼做呢？

不需要等到心裡變得舒坦、萬事俱備才展開行動，就抱著悶悶不樂的心情付諸行動吧。即使不確定做法是否正確也無所謂。

因為考慮太多而無法得手

有時候得不到是因為考慮太多。

首先，**在迷惘、煩惱的當下，其實你已經確定自己是「想要的」**。

因為如果不想要就不會煩惱了。

以購物為例，「這個東西我不需要，你覺得買了要做什麼好呢？」我想應該沒有人會這樣問吧？

正因為想買的東西具備某種風險或負面之處，人才會煩惱。

「好想買這個喔，到底要不要買呢？」

「好想買，但是不知道要不要買。」

雖然想要，但考慮到錢的問題、時間和時機的問題、身邊人的看法等各種要素，人很難立刻決定。

可以確定的是，在猶豫、迷惘和煩惱的當下，你已經想要得到這個東西了。如果按捺不住想要得到的心情，下一步就是「展開行動」。

確定想得到這件事意味著，自己該做的事情也很明確了。當然，如果需要花錢或必須承擔風險，或許沒辦法立刻採取行動。但如果沒有以上的顧慮，你應該做的不是繼續煩惱，而是不管結果如何，先採取行動，試著爭取看看。

這樣的作法才能讓自己的身口意變得一致。

不論重新考慮幾次，如果還是抑制不了自己的衝動，表示你最好付諸行動。

因為**「去了就知道，做了就曉得了」**。當然，違法的事不在此限（笑）。

這時要以自己心底的聲音為重，理智的聲音和別人的意見都可以當作耳邊風。不如說聽了反而壞事。

話雖如此，我自己在猶豫不決的時候，為了保險起見，還是會請教我信賴的人，不過，他人的意見對我來說完全只是參考之用，絕對不會照單全收。其實，請教之後，大多以這種情況收場。

「我打算做〇〇，你覺得怎麼樣？」

「嗯，我看你還是放棄吧？」

「謝啦！我還是決定要做。」

這種情況真的屢見不鮮（笑）。但是這樣也無妨。別人的意見聽聽看無妨，但最後做決定的人是自己。

有些情況要先考慮清楚再行動，但如果是想了也沒用，就請拋開自己的成見，直接行動吧。光是這樣就有助讓行動變得順利。

只看現在和未來付諸行動

——我們時常活在「或許是這樣的世界」

很多人都以為人生就像電影或連續劇一樣，每個階段都有「明確的區分」。但實際上並非如此。真正的人生，大多時候只是漫無目的的過日子。因為人生是一場長跑，若以小勝負當作判斷事物的基準，很容易因為一下子歡喜、一下子憂鬱，把自己搞得疲累不堪。

人不可能永遠成功，以為永遠會持續的愛，也可能突然面臨離別。然而，人卻誤把人生視為一場短跑，永遠在眼前的比賽中跑得筋疲力竭，然後對下一場比賽抱著焦慮與不安。

到底人應該把眼光放在過去、現在還是未來呢？首先是現在，其次是未來。

也就是以現在的方便為第一優先。為此，我們在腦中要描繪出光明的未來。你可以將之稱為展望。這時，我們還不用擔心展望會不會實現。

換言之，**在每天的日常生活中對未來充滿希望很重要**。

舉例而言，假設一週後有一頓讓你非常期待的大餐。光是想著這件事，就足以讓從現在到下星期的這段時間，成為一段充滿期待的美好時光。

因為不知道、不清楚、還沒做到，所以才有趣

未來的一切充滿了「說不定」，換言之，我們生活在一個「或許會這樣」的世界。

對未來抱持著悲觀或樂觀的想像，全憑個人的自由。

但是要記得一點：「兩者都尚未成真」。

或許會發生地震。

或許會有飛彈發射過來。

或許挑戰會失敗。

或許老後會破產。

與其一直想著上述這些事過日子，不如在腦海中描繪光明的未來，並朝這個目標努力，更有助於開創我們的可能性。不論做什麼，也會往好的方向進行。

消極負面的預測，只要等到現實轉為不利時再想就好了。

既然要描繪願景，請試著思考，「如果變成這樣應該很有趣吧」，把未來想成這樣的世界吧。

正在玩耍的小朋友，看起來永遠是那麼開心。

要是這份開心一直延續到長大成人就好了。

說穿了，我們可以**把人生視為一場遊戲，抱著玩耍的心態過日子**。

包含麻煩事在內，人生就像一場有苦有甜的長跑。時而快跑，時而慢走或停下腳步，這些都值得我們細細體會。因為不知道、不確定才有趣。因為還沒做到，所以覺得或許有可能辦得到，這正是樂趣所在。

Chapter-5

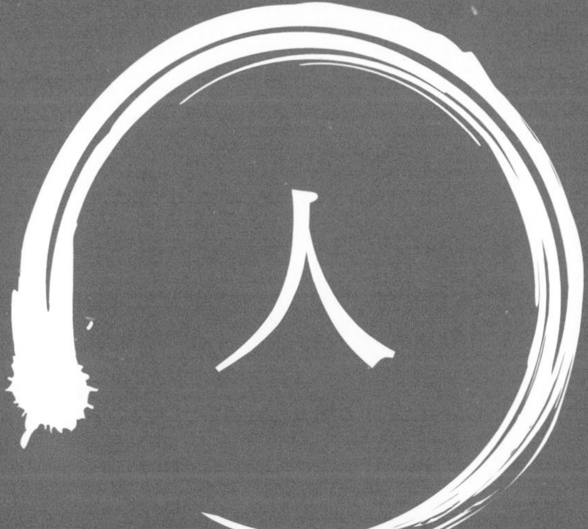

第 5 章

整理人際關係

整理自己周圍的環境

——潛意識會受到環境影響

整頓自己身口意的同時，整理周圍環境也很重要。

周圍環境不單指居家環境和生活空間，還包含日常往來的人。這些人事物也許我們平常不會注意，但對我們的影響力卻像幅射一樣一直存在。

所以，即使整理好自己的身口意，卻沒有好好整頓環境（人和生活空間），等於功虧一簣。

人的環境，包括平常相處的人、人際關係的品質、選擇什麼樣的人當作事業的合作夥伴等。

空間環境，包括睡覺的房間、居住的房子和社區。另外也包括職場環境。

整頓空間環境的技術就是我們俗稱的風水。光以風水為主題就足夠寫成一本書，所以本書只針對整頓有關人的環境的方法做介紹。對空間環境有興趣的朋友，可參考拙作《好情緒・空間整理術》（方智出版）。

整頓人際環境的方法

各位應該不難理解人際環境，對我們會造成很大的影響吧。

簡單來說，也就是：

「你和誰在一起？」
「你和誰一起做事？」
「你從誰身上學習？」

以人際環境來說，影響我們最深遠的人是自己的父母（或者養育你的人）。在懂事之前，最常與我們處在同一空間的人就是父母。我們從小和父母一起吃飯睡覺，也一起玩遊戲，從他們身上學到日常的習慣和說話的遣詞用字。雖然只是暫時，但小孩子的世界觀可說是父母的翻版。

當然，孩子從某個時期開始接觸社會之後，就會逐漸養成自己特有的思考方式，不可能和父母一模一樣，但基礎部分受到很大的影響，這點不容否認。

除了父母，我們在與形形色色的人接觸過程中，當然也會受到學校老師、朋友、主管和同事等人的影響。換句話說，和什麼樣的人來往，又受到何種影響，都會決定我們的生活方式、思考方式和身口意的模樣。

以負面例子而言，有些人在職場可能會遇到職權騷擾。當人置身於被責罵、人格受到否定、被強迫長時間勞動的環境，人際方面的風水一定會出問題。

置身在風水失調的人為環境下，我們可以有下列幾項選擇。

- **繼續忍耐**
- **改變承受的方式**
- **直接告訴對方「別再這麼做了！」**

• 尋求諮商以獲得協助

• 更換職場

人為的風水以人事圓滿為目標，基本要求包括促進互助關係，打造具正面力量的環境。當然，即使知道這個基本原則，實踐起來卻不簡單。

首先自己要做的是掌握現狀，主動出擊。

在這個階段，如果讓這種想法成為潛意識的規則：「辛苦時不要抱怨，繼續忍耐就對了」「絕對不能違背主管的指示」，想必當事人根本無法採取任何行動，只能坐視情況日漸惡化。

滿腦子只想著「好討厭」，並無法改善現狀。如果希望他人去改善現狀，恐怕只能期待奇蹟出現。

再優秀、再有才能的人，若身處惡劣的環境，也無用武之地。

原因在於，**不論好壞，我們都會受到環境的影響**。

植物和人一樣，如果缺乏良好的日照、營養、水分，就無法順利成長。

運動和學業一樣。一個人不論擁有再優秀的能力或才華，有無遇到貴人也非常重要。當事者的成長幅度、才能的開發度、活躍程度，會隨著他遇到的教練、隊員、老師、朋友等出現截然不同的變化。

植物需要好的土壤環境才能成長，人也一樣。

首先，請各位尋求一個可以發揮自己能力的環境，盡可能主動採取行動。

心靈與空間的歸宿

——真正重要的是心靈的歸宿

歸宿分為兩種。

一種是與人有關的，另一種是空間上的。

與人有關的歸宿所發揮的影響力更大。

所謂與人有關的歸宿，也就是「心靈的歸宿」。包含與對方相處的時間長短和信賴程度，一個人的心之歸宿，取決於對方累積在自己心中的回憶庫存量。

舉例而言，對我來說，與人有關的歸宿就是我太太，也就是我的家人。我目前住在千葉縣，假設我太太說：「我一定要搬到北海道去住」。那麼以這種情況而言，千葉縣和北海道哪個才是我的歸宿呢？當然是北海道。

換句話說，太太就是我的心靈歸宿。

為了找到一個與人有關的歸宿，關鍵在於與他人的互動頻率與親密度。

有些人因為人事異動或換工作來到新的職場，卻覺得在那裡找不到安身之處，那就表示這個職場對他而言，還不是心靈歸宿。

畢竟自己初來乍到，和剛認識的人還沒有產生交集，不論本身多麼優秀，也不可能對陌生地方產生心靈歸宿的感覺。

人害怕失去歸宿

舉例而言，現在所謂的「繭居族」，就是旁人強迫當事者獨立而把他趕到外面，結果弄巧成拙所引起的現象。

繭居族怕的不是出門，他們怕的是只要一離開家就找不到自己的安身處。

如果能夠擁有一個「永遠有人歡迎自己回來」、類似安全基地的地方，而且不論離開幾年都回得來，人就有辦法自立，並擁有一定的自信離開家門。

相反地，如果出去了，卻沒有可回來的地方，是一件很恐怖的事。或許他們以為只要沒有成功，就不能回來。他們擔心自己一離開，就會失去空間和精神上的安身處，所以才會執意留在現在的地方，就算只是根柱子也要緊抓著不放。

但是，如果他們的身邊有著「不論發生什麼事，我都會幫助你」的對象又會如何呢？如果身邊有人會支持自己想做的事，還會對自己說：「雖然家裡幫忙有限，但如果不成功，你就回來吧」。

聽了上述這些話，還會有人不願意獨立，不想到外面闖闖嗎？

說到底，**每個人都在追求與人有關的歸宿**。

先有心靈的歸宿，接著才追求空間上的安身處。換言之，得到別人的接納後，人才會開始重視居住環境。是否能夠發揮能力，一定會受到人際環境所左右。

因此，即使把辦公環境整理得再好，卻因為人際關係，無法產生這裡是安身處的感覺，這點會成為致命傷。

即使辦公室裝潢得富麗堂皇，所有設備煥然一新，但若是同事動不動就莫名發脾氣，全身散發著強烈壓迫感，與這樣的人共事，想必有再好的能力也無法發揮吧。

相反地，即使辦公室的設備老舊，但是置身其中卻能心平氣和地辦公，而且主管和同事都很好相處，工作氣氛佳，在這種情況下，多能夠發揮超乎想像的實力。

與其在乎「在哪裡工作」，首先應該重視的是「與誰共事」的問題。

對存在抱持敬意

——無條件的敬意會改變人際關係

密教的世界觀就是對萬物抱持敬意。

就像職業無貴賤一樣，人的存在本身也沒有貴賤之分。

但是，對於不認識的人、未曾謀面的人、覺得不好相處的人、會做出引起自己反感之事的人，我們應該不容易產生敬意吧。

我們之所以對人產生敬意，都是基於「這個人的經歷很了不得」「有值得尊敬的一面」等附帶條件。

但是，**帶著純粹的敬意，而不是上述這種有條件的敬意也很重要。**

對存在抱持敬意的力量

這種純粹的敬意，也就是對存在的敬意。

每個人都是人生父母養的，有家人、有祖先。眼前的這個人也被某些我不知道的人視為掌心寶貝，細心呵護。這就是出於「雖然不明就裡」，但抱持敬意。

工作上也一樣，從雙方的意見出現對立來舉例：

「如果是我，絕對不會做此選擇，也無法理解，但你既然做了這樣的選擇，表示也有值得尊重之處吧」。

如果能夠抱持著上述的想法就是敬意。

這點和工作上最後做了什麼決定是完全不同的兩回事。但是，不論對方表示什麼意見，都要抱持著敬意。

也可以加上「前提是對方對我也表現出敬意」的條件，但由自己主動對對方表示敬意並不是辦不到的事。

一切取決於處理事情的方式

——平等觀——從「使用方式」轉為「對待方式」

敬意完全表現在對待方式上。密教中也有如何對待萬物的學問。本尊的掛軸、塑像自不在話下，準備進行祈禱詞時所用的佛器和供物、服裝、食器、食物等道具時，還有汲水時和洗臉時，也各有仔細的作法。

以日常的「財．體．心」而言：

財，是對待金錢、自己的財產、所有物的方式。

體，是對待身體和健康的方式。

心，是對待自己和人心的方式。

對待方式若隨便粗糙，會引起身體和精神上的不適。

對待的根本是**敬意和慰勞**。

舉例而言，請問各位認為「供養」的意義是什麼呢？掃墓的意義不單是緬懷與慰問祖先，而是為了表達敬意與慰勞之意，讓祖先知道「托您的福我才有今天」「謝謝您讓我們延續了您的生命」。

墳墓並不是等當事人去世後才建造，而是還活著的時候就開始了。墳墓不是死亡的證明，而是活過的證據。

一個人就算英年早逝，他的存在卻影響了許多人。生命就是這樣的存在。為了傳達這樣的訊息，這就是供養時要讀經和作法事的理由。

因此，所謂的供養，就是對存在表示慰勞與敬意。

行為是否有善惡之別，一直是我思考的問題。毆打與欺騙別人、對人說謊，本身都是不好的行為。

但是存在本身沒有善惡、上下和優劣之分。這就是平等觀。

簡單來說，就是萬物同等尊貴。

停止用上下優劣的觀點看待事物

所以對人，當然也包括對自己，請不要再以上下優劣的觀點打分數。因為密教認為，神佛與人是同等的。

舉例來說，即使雇傭關係的立場有上下之分，但兩者的存在是平等的。

如果不留心提醒自己就很難做到這一點。

「一切生命的存在價值都是平等的」，如果心裡沒有這個認知，一定會以上下優劣的眼光看人。

因為人是一種喜歡比較的生物。

當然，比較擁有的金錢多寡、身高高矮、跑步速度等物質或定量的事物，一定會產生高低優劣。

但是，存在本身並無高低優劣之分。

舉例而言，假設有AB兩個人。對世界而言，A先生的親人，和B先生的親人，到底哪個的重要性比較高，或者說比較有價值呢？兩者的價值高低是無法衡量的。因為這兩位對

AB雙方而言，都是最重要的存在。

如同上述，面對每個人時，不論他的身分為何，我們都應該對其存在抱持著敬意，以無分高低優劣的眼光看待。

養成平等觀的練習

為了養成對眾生萬物的平等觀，前述已向各位介紹練習的方法，我建議各位在練習時，想著對方的先祖和雙親。

也就是抱著這樣的想法：

「不論什麼樣的人，都有將其視為珍寶的祖先、雙親和家人」。

只要想著，多虧來自先祖一脈相傳的血緣，才有今天的這個人，即使他的言行舉止再不可取，至少也不會否定其存在。

我們對存在一定要抱持敬意。

如果你對存在確實能抱著敬意，對方也會充分感受到你的想法，不再敵視你。

但大多數的人不是對存在抱持著敵意，就是否定的態度。霸凌、網路上的謾罵攻擊都屬於此類。

老是攻擊別人的痛處、滿口抱怨的人，常常在搞不清楚的狀況下便依照自己的主觀下判斷，毫不客氣地指責別人。換言之，不論面對什麼事，從他們身上都找不到對人的敬意。

不僅限於人際關係，在展現面對事物的態度時，保持敬意也非常重要。即使只表現在心裡也無妨，總之，不論面對何種事物，請別忘了禮拜、表示出敬意。

如何擁有讓對方採取行動的影響力

——所謂的影響力就是傾聽

聽到我說要整頓與人有關的環境，或許有些人對這方面不擅長，所以馬上會想到「斷捨離」，以為要斬斷與人之間的緣分。

話說回來，如果在大型組織或團隊工作，人際關係往往不是說要整理，就能馬上整理乾淨的。

並不是所有的人際關係都需要斷捨離。面對無論如何都必須與其來往的人時，盡可能把兩人的關係帶往好的方向，就是調整人際關係風水的方法。

以結果而言，如果想改變別人，第一步是主動對對方表示敬意。

沒有人會攻擊帶著發自內心的敬意與自己接觸的人。

所以，如果不帶著敬意、不把人當人看，最後就會成為被攻擊的對象。

舉例而言，假設有人對你提出「一定要解決這件事！」等無理的要求，首先請用包容對方的態度回答：「我很清楚你的要求，這件事的確需要盡快解決。但如果能夠通融，是不是能夠多給我幾天時間呢？」用這種說法，而不是直接強硬拒絕。只要持續這麼做，情況一定會出現轉變。

「我很清楚○○先生的意思」這句話，等同向對方表示敬意（您所說的我都有聽進去）。如果自己主動講出這句話，比較容易得到對方同等的回應，讓對方也願意側耳傾聽你的話。

判斷你的影響力是否大到能讓對方採取行動的指標是，「你是否具備仔細傾聽的能力」。

傾聽，會成為心的「門」。

如果對方不願意傾聽你的話，不論你怎麼說都不能讓他採取實際行動，而你也對他無可奈何。但有些人之所以能打動對方、順利溝通，原因是在這之前，他表現出願意傾聽對方的態度。

這點是我以前任職於幼稚園的時候發現的。

小朋友們不可能立刻靜下心來聽老師說話。為了讓小朋友願意聽老師說話，老師自有妙招。

「各位小朋友，我們今天要做一件很開心的事喔！大家覺得是什麼事呢？」

老師首先用大分貝說了這句話。用意是以這句帶有好奇心且正面性的話引起小朋友的注意。這時，小朋友們已經「張開耳朵」，準備傾聽了。

即使小朋友的心思完全被其他事物占據，或者故意唱反調時，這個問題都能讓他們轉移焦點。

如何讓人願意把你的話聽進去呢？方法是，理解對方關心的是什麼，並且主動提供對他有利的提案。

「接下來我要告訴你的事，說不定你覺得做起來是易如反掌，而且有機會翻轉你的人生。我想告訴你這個方法，你可以給我一點時間嗎？」

在進入正題之前，只要先簡單向對方如此預告，對方應該就有興趣傾聽了。這種手法又稱為框架效應。

舉例而言，如果對方是大忙人，可以對他說「不好意思，可以給我一點時間嗎？只要一分鐘就好」。這也是讓對方產生聆聽意願的方式。

這個方式的前提是設想到「對方是個大忙人」的狀況，對對方表現出敬意。

差別在於是否說出「你覺得怎麼樣？」這句話

主動詢問對方：「你覺得怎麼樣？」也很重要。

當然，只和自己有關的事由自己下決定就好，所以應該不必過問別人的意見。但是，一旦牽涉到家人或工作夥伴，如果絲毫不問對方的意見，表示你對他們缺乏應有的尊重。

即使自己擁有決定權，為了保險起見，還是先知會身邊的人，詢問一聲：「你覺得怎麼樣？」就是敬意的表現。

所以，我們要主動詢問對方：「我在考慮要這麼做，你覺得怎麼樣？你可以讓我聽聽你的意見嗎？」如果對方說了他的意見，就向他說句「謝謝」。

尤其是工作方面，對方是否接納或採用是另一回事，我們仍應採取傾聽的態度。就算意見不被採納，如果能就此建立某種資訊回饋的機制，就是很大的收穫。因為一旦建立資訊回饋的機制，每個人都會成為團隊的一份子，開始主動思考。

不論再微不足道的事，或者組成的團隊規模再小都適用於這點。舉例而言：

如果以前你會說：

「〇〇小姐，這次大家決定要去沖繩玩了，妳也一起去吧。」

現在請改成：

「大家現在計畫要去沖繩玩，妳覺得怎麼樣？等妳決定好了再告訴我喔。」

這兩句話問的是同一件事，但聽起來的感覺完全不同。

差別在於敬意的有無。把訊息傳達給對方時，在主事者或大家下決定之前，先聽聽對方個人的意見。即使對方的回覆是「我都可以啦」「你們決定就好」，為了保險起見，這樣的事前確認還是不可省略。

最缺乏尊重的表現是讓相關人士置身事外，讓對方陷入「什麼！我根本沒聽說有這件事」的狀況。

只要主動問一句話，就能避免發生上述最糟糕的情況。只要一句話，就能表達對對方的尊重，而對方聽到的感受也會截然不同。

敬意就是禮貌，禮貌就是表現出敬意。

一句主動的知會就能改變人際關係

經營人際關係時，最重要的是自己主動先給予，而不是向對方要求「付出」。說到給予，或許有人覺得難度不小，總之，**自己只要先做出口頭的付出就好**。也就是給予對方敬意與關心。

「今天一整天過得如何？」

「這趟旅行玩得怎麼樣？」

「工作進行得還順利嗎？」

「之後身體還好嗎？」

聽到這樣的問候，對方等同接收了你的敬意與關懷。換言之，你給予了他充滿生氣的體貼。

「原來如此啊」「太好了」「真是太可惜了」都屬於此類的會話。

缺乏對話的家庭和職場，缺乏人與人對彼此的關心。不論是學業還是工作，若每個人只考慮到生產性、效率和自己，完全不在意周遭，即使彼此朝夕相處、擁有相同的感受，也會覺得沒有意義。但這種事並不會發生。

因為我們每個人都有想要被認可的欲求，渴望自己做的事、說的話被人記住。

如果被人記住，人就會覺得自己的存在受到肯定。單是這樣就很讓人開心。

即使只是一句問候：「你之前好像身體不舒服，後來好一點了嗎？現在身體怎麼樣？」就很足夠。或許有人會擔心：「說不定問了之後，結果對方覺得用看的就能看出來吧、沒話找話……所以不必特地問候也可以吧」。其實並非如此。

把想法付諸行動或化為言語很重要。愛和體貼的表現也一樣，一定要確實向對方表

運用關心・敬意的力量

關心、敬意是生氣的能量。
人只要得到關心就會覺得開心，
感覺自己獲得了些什麼。

帶有敬意的關心會成為人與人之間的連結

達。只要明確表達，就會出現明顯的變化。

若想把人事不和改善成人事圓滿，第一步，就是向對方表現親切與敬意的關心。這個舉動等於向對方展現好意（生氣）。但要注意的是，如果沒有拿捏好分寸，反而會引起對方反感，成為過度干涉的殺氣。

如果自認口才不佳，可以準備小禮物代替問候，這也是一種好方法。

使用對方所使用的詞彙

——展現想了解對方的態度，打開對方心門

用對方聽得懂的話和他溝通很重要。

因為自己和其他人的世界觀和慣用辭彙不一樣。

舉例而言，面對「聽到狗會想到什麼？」這個問題，每個人首先想到的答案都不一樣。如果把問題換成「請說出家在你心目中的形象」，每個人描繪出來的景象也各不相同。

所謂的對話，其實就是世界觀的交流。人講的話乍聽之下都一樣，但是每個人對語言的定義、前提、價值與聯想都不一樣。

即使大家說的是同樣的語言，每個人對語言的定義和形象也各不相同。

我們要做的不是否定這其中的差異，而是配合對方選擇合適的語言。

最簡單的方法是使用對方所使用的詞彙。

如果提到咖啡，對方的反應是「又黑又苦的液體」，那你就跟著附和「沒錯沒錯，那種又黑又苦的液體啊……」順著對方的話說是非常重要的關鍵。

說出口的話，有可能會造成過敏反應。有時候只因為講錯話，就產生了衝突。例如只是把筷子說成橋（筷子和橋的日文發音都是Hashi，差別在於重音的位置），就可能讓人覺得「你好奇怪～」，因而產生摩擦。

把自己的認知加諸於他人身上，認為他人理所當然知道自己的想法，會成為殺氣的能量。

以好自己的世界觀異於對方的世界觀為前提而活

為了避免這一點，第一步請認知到「對方不知道是理所當然的」。

展現出願意理解「對方不知道這件事」的態度會成為生氣，讓對方逐漸敞開心門，願意傾聽，進而與你溝通。

每個人的生長環境和世界觀都不一樣，所以我們不可能百分百了解對方，但是我們能夠藉由願意了解對方的態度，進而建立溝通的管道。

舉例而言，假設有人問我問題，我卻抱持著否定的態度質問他：「你為什麼要問這種問題？」對方一定會覺得：「你根本不想回答」吧。

如果你不清楚對方的問題是什麼，回答問題之前必須先確認。比如可以反問：「你要問的是這方面的問題嗎？」「我不是很清楚你的問題，請問是這個意思嗎？」向對方展現你企圖了解他想法的姿態。

面對和自己想法相左的人，會做此確認的人不在少數。這也是一種潛意識的習慣。這種習慣源自於人把自己的世界觀和規則視為正確解答，而且也希望別人接受自己眼中看到的世界。

我們需要的不是統一的世界觀、以某個崇高的世界觀為依歸或者讓其他人臣服，而是接受每個人各自活在不同的世界，永保和諧的狀態。

循環的法則

——能量會不斷循環

——以生氣讓人採取行動，會得到福報

相信各位都聽過因果報應這句佛教用語吧。

這句話的意思是：

「做善事，自己會得到福報。」

「做壞事，惡報會發生在自己身上。」

因果原本是和業有關的用語，意味著原因和結果。

善因善果：以善為原因，最後得到善的結果
惡因惡果：以惡為原因，最後得到惡的結果
善因樂果：以善為原因，最後得到樂的結果
惡因苦果：以惡為原因，最後得到苦的結果

這裡要注意的是，能量會不斷循環。這點不僅牽涉到業、緣起，更重要的是，如果你利用生氣讓人採取行動，這股生氣的能量最後會回到自己身上。相反的，如果用殺氣驅動人，這股殺氣最後會回到自己身上。

這就是「循環的法則」。

你所釋放的殺氣和生氣，有可能直接回到自己身上，也可能一轉再轉，最後以間接的方式回到自己身上。

所以，與人溝通時，我們要關注的重點是盡量以生氣驅動人，而不是用殺氣，這樣不但會得到福報，對方也願意與你交心。

是否對他人抱持著敬意（使用生氣）、是否能與人良好的溝通，會成為能否得到福報的關鍵。

複製五感刺激的「觀音力練習」

——感受對方觀點與聲音的練習

——人際關係之所以不順利，原因出在缺乏共鳴力和想像力

人際關係之所以不順利，大多數起因於缺乏共鳴力和想像力。

舉例而言，我想在每個學校，至少都找得到一個這樣的老師吧。講課的時候自顧自地說話，也不管學生有沒有在聽。

當然，不僅限於學校的老師，日常生活中也有不少人和別人交談時，根本不在乎對方的感受，對於對方的話也絲毫不感興趣。

除了對方的想法、感受，什麼事會讓他開心，又有什麼事讓他不開心，通通一問三不

知。所以，自己表達的敬意對方接收不到，即使是無心的，但雙方注定陷入殺氣的關係。**為了避免陷入這樣的關係，以下我要向各位推薦我稱之為觀音力練習的方法。**簡單來說，就是去感受對方的觀點和感受到的聲音。這就是觀音力。

具體來說，方法就是走在路上或與人交談的時候，複製周圍的人的五感刺激，想像成自己的。

比如與人相對而坐時，看著對面的人，想著：

- **他坐的椅子和身體的感覺如何？（身）**
- **他口中的感覺、品嘗的味道是好吃還是難吃？（舌）**
- **他用什麼方法呼吸，聞到了什麼樣的味道？（鼻）**
- **他在聽什麼？（耳）**
- **他在看什麼？（眼）**

靠著想像力複製別人的感受，用身體體會。

如果平常勤於練習，很快就能掌握這種感覺。

包括對方看著你時產生的感覺、手指敲著電腦鍵盤時的感覺、手頂著下巴的感覺、看著時鐘的感覺、戴著眼鏡的感覺等，也就是和對方說話的同時，不斷接收他的感覺。

簡單來說就是一邊接收訊息一邊談話。

如此一來，就像Wi-Fi連上線一樣，人與人的心也相連了。

本篇所介紹的觀音力，能夠讓自己和對方達成某種意義的一體化，強制性地讓你對對方產生關心。

要時常達到這樣的狀態或許不容易，但是利用和家人相處的場合，即使只有短短幾十秒甚至幾秒都好，請務必試試看。

習慣以後，不論和誰交談，應該都能順利接收對方的心思。長期重複練習，效果會愈來愈明顯。

提高共鳴能力的觀音力練習

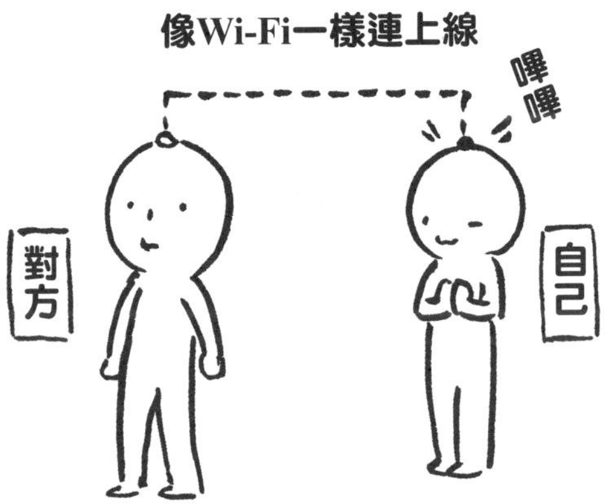

☑ 他在看什麼？
☑ 他在聽什麼？
☑ 他用什麼方法呼吸，聞到了什麼樣的味道？（鼻）
☑ 他口中的感覺是什麼？（舌）
☑ 他坐著、站著和觸摸東西的感覺如何？

一一複製對方的五感刺激。只要進行幾秒～幾十秒，就能提高你與對方的共鳴力和想像力

Epilogue

終

終章

改變人生過程的影響力

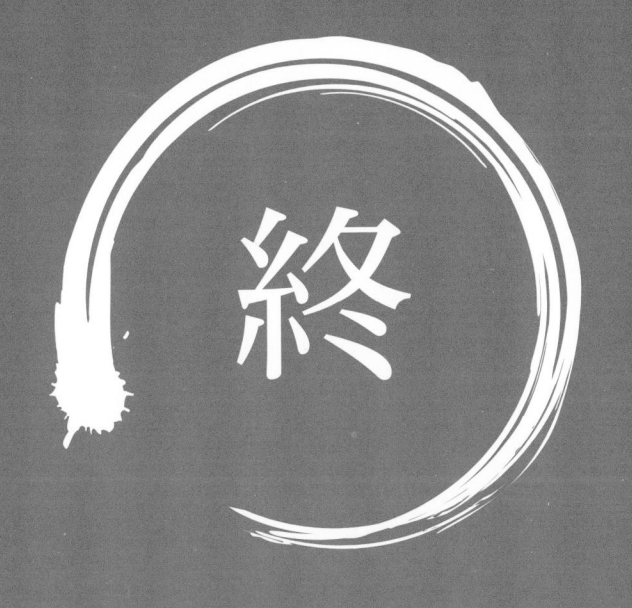

清濁併吞的覺悟會成為驅動自己的力量

——密教把二視為一

把二視為一是密教思想主軸。

就像金剛界曼荼羅和胎界曼荼羅這兩個曼荼羅（表示宇宙的繪圖），是以二個組合成一個。

聽我這麼說，有人可能會覺得納悶，「兩個就是兩個吧」，但我的答覆不變，「就是以二個組合成一個」。

如同陰與陽、光與影、表與裡，都是配套存在的。

就像如果沒有死亡就沒有出生一樣，許多事物都是由兩個完全相反元素所組成，包括喜悅與悲傷、相遇與別離等。

所以，我們必須做好清濁併吞的覺悟，不只正面的事物，也要一併接納負面的部分。

如果能做到清濁併吞，自己就能做好心理準備，付諸行動。大家都過於恐懼濁，才會「動彈不得」。

世上的一切都是由相對成立

有沒有絕對可以放心的事物？有沒有絕對會通過的考試？雖然很多人都會追求上述的事物，殊不知——

世界上沒有絕對的事。

世上的一切都由相對所組成，所以隨時都有兩種可能性。

硬要說的話，即使我們能夠預測出機率的高低，還是不能保證「絕對」。

所以，我們不應該把完全相反的任一方視為正確，而要把兩方都視為合理。

然而，即使資源再充足，再有安全感，人還是難以擺脫恐懼和不安。那麼我們該如何面對不安呢？

如果能夠知道目前的心境是何種原因造成，知道該如何與之面對，想必就可以擺脫不安了。

健康也一樣。沒有生病並不是因為健康，而是免疫力發揮作用，即使生病也能迅速恢復。換言之，所謂的健康，意味著身體具備恢復的力量，即使生病也能迅速復原。以精神面來說，不動心具備的並不是不會動搖的力量，而是就算動搖了，也很快恢復原狀。

所謂的經濟力，意思是即使經濟面一時失衡，也能恢復原狀的力量。有些知名的企業家即使歷經好幾次的破產，依然能夠東山再起。這也是因為他們已經做好自己有可能成功，也可能一敗塗地的心理準備。

「未知的開心之事」是驅動自己的原動力

——作夢都想不到的可能性才是你的「寶藏」

如同前述，潛意識才是讓你心想事成的神佛。讓習慣化為自己的助力，等於內在有神佛替自己加油打氣。藉由把自己的身口意變得一致，把潛意識導向好的一面，人生就會自動產生變化。

不過最重要的莫過於**體驗未知領域的樂趣**。就真正的意義而言，這才是驅動自己的最大關鍵。

換言之，就是**從體驗自己的可能性得到樂趣**。

包含自己還做不到的事情在內，重點是不論遇到什麼事，你能夠用多正面的態度面對。發生苦難和恐慌狀況時，是否能夠抱著「老天自有安排」「雖然非常刺激，但這是神佛和祖先給我的試煉」的想法。

不要只認為如願以償的事才有價值，因為如果不把無法心想事成的事、無疾而終的事、不知道會不會順利進行的事視為「有趣的事」，便無法樂在其中。

因此，體驗未知的事物才會顯得如此重要。

只有在未知中才能找到解決煩惱的答案

解決煩惱的答案，只能從未知當中尋找。因為如果已經知道解答，人就不會煩惱了。

但是，多數人卻一味的從已知當中尋找。

我希望各位能抱著緊張又興奮的心情，展開大小不一的冒險。

請不要總是駐足在去過的地方、做過的事，要試著體驗從未想像的未來。

想都想像不到的可能性稱為「寶藏」。大多數人都把自己局限在自己想像得到的已知範圍，但這麼做並不正確。

當自己置身在之前無從想像的環境和狀況下，就會不斷展露出潛能和個性中不為人知的美好一面。不放棄自己的可能性，不斷深入探究，不但能替自己的未來開創新路，也開啟了通往未知世界的大門。

只要「一點點勇氣」，你的人生將會擁有截然不同的展開。

所以，盡情去感受自己與生俱有之物吧！

人是非常有趣的。

性格不成熟且帶有缺陷，再愚蠢的事都做得出來。

正因如此，我們才能夠盡情煩惱、思考，並拚命想辦法克服。我們要仔細品味並樂在其中，而非停止煩惱。請試著接受不完美的自己，嘗試改變人生的走向，以未知的可能性為目標，讓自己動起來吧。

在各位享受著這一步一腳印的過程之中，如果本書能發揮指南的功能，將是我最大的榮幸。

國家圖書館出版品預行編目(CIP)資料

你想要的,有九成都會實現：「身口意法則」的人生練習 / 種市勝覺著 ; 藍嘉楹譯. -- 初版. -- 新北市 : 智富, 2020.03
面 ;　公分. --（風向 ; 107）

ISBN 978-986-96578-8-4（平裝）

1.密宗 2.佛教修持

226.93　　109000212

風向107

你想要的，有九成都會實現：「身口意法則」的人生練習

作　　者 / 種市勝覺
譯　　者 / 藍嘉楹
主　　編 / 楊鈺儀
責任編輯 / 李芸
封面設計 / 林芷伊
出 版 者 / 智富出版有限公司
地　　址 / (231)新北市新店區民生路19號5樓
電　　話 / (02)2218-3277
傳　　真 / (02)2218-3239（訂書專線）、(02)2218-7539
劃撥帳號 / 19816716
戶　　名 / 智富出版有限公司
單次郵購總金額未滿500元（含），請加50元掛號費
世茂網站 / www.coolbooks.com.tw
排版製版 / 辰皓國際出版製作有限公司
印　　刷 / 傳興彩色印刷有限公司
初版一刷 / 2020年3月

I S B N / 978-986-96578-8-4
定　　價 / 320元